書けば叶う

羽賀ヒカル
Hikaru Haga

無
有
化

およそ一万三千年前――

ムー、アトランティス大陸が、沈没《ちんぼつ》した

そのとき、なにがあったのか？

超能力戦争

錬金術《れんきんじゅつ》を応用した

〝書けば叶う〟という秘術が

悪用された

もともと、秘術は、二つに分かれていた

〝真伝《しんでん》〟と〝偽伝《ぎでん》〟

いずれも、願望成就《がんぼうじょうじゅ》の力がある

しかし、それら二つには決定的な違いがあった

〝真伝〟は、神に感応するが
良き心でしか使えない

〝偽伝〟は、邪悪な心でも
悪魔との取引によって、なんでも叶う
ただし、代償として、多くのものを失った

言うまでもなく
ムー、アトランティスを
滅ぼしたのは〝偽伝〟のほうだ

秘術は、後に、シュメールを経《へ》て、
エジプトに伝わり、やがてヨーロッパ、中国、日本に伝わる

広まったのは、〝偽伝〟だった

結果のためなら、手段を選ばない
自然も、人間も、国家も犠牲にする
利己的で、差別的で、破壊的な、覇道帝王学《はどうていおうがく》
それが、成功哲学として、庶民に流布《るふ》された

〝真伝〟は途絶えたかに思われた……

斯《か》くして、一部の支配者にとって
都合のいい世の中が生まれた

金や、権力や、支配を求め
戦争をしかけ、武器を作る
やがて世界を手に入れる

願望成就こそが
生きる目的であるかのように……

そして今

葬《ほうむ》られた記憶を呼び覚まし

危機に瀕《ひん》した人類を

蘇《よみがえ》らせるために

北極老人の手によって復活した

〝真伝〟を、ここに公開する

古代錬金術の〝真伝〟『ザ・ドラゴンノート』

はじめに

なぜ、〝書けば叶う〟のか？

その秘密はすべて、本書の巻頭に収録された「循環図《じゅんかんず》」に、集約されています。

もし、あなたが今、

「もっと幸せになりたい…」

「もっと成功したい…」

「ダメな自分を、変えたい…」

と望んでいるとしたら、この循環図を使った、〝循環秘術《じゅんかんひじゅつ》〟をマスターするだけで、たいていのことは叶います。


循環秘術とは…？

循環図

それをお伝えする前に、まず、知ってもらいたいことがあります。

原因と、結果。
本質と、現象。
あの世と、この世。
エネルギーと、物質。

それらは一つの〝円循環《えんじゅんかん》〟で繋《つな》がっているのです。

古くは、約2万年前からエジプトに伝わる、『エメラルド・タブレット』にも、その秘密の一部が記されていました。
それは、世界の根本原理と言ってもいいでしょう。

たとえば、雨が降って、地面にできた水たまりが、時間が経《た》つと消えていた。

それは、温められた水が、水蒸気になるからです。
上空で冷やされた水蒸気が、雲になって、雨となって、また地上に降り注ぐ。

これも一つの〝循環〟です。

水に限らず、どんなものも、エネルギーが高くなればなるほど、その粒《つぶ》は細かくなり、回転数は速くなり、抽象的になり、目に見えなくなっていきます。

そうして、形あるものが、形のない状態になることを〝エネルギー化〟といいます。
逆に、エネルギーが、物質になることを〝物質化〟とか〝現象化〟といいます。
すべての物質、すべての現象、すべての結果、すべてのお金は、もともと〝エネルギー〟だったものが、物質化、現象化したものです。

目に見えない世界に、エネルギーや、本質や、原因があって、
目に見える世界に、物質や、現象や、結果となって現れるのです。

このサイクルの中で、あらゆる生命《いのち》、自然、現象は、流転《るてん》し、永続しています。

わたしたちは、この循環を知っているので、水たまりが消えても、花が散っても、動物が土に還《かえ》っても、驚いたり、嘆《なげ》き悲しんだりしません。

消えたということは、エネルギー化したということで、そのエネルギーは、やがて、物質化、現象化して、形ある世界に帰って来ることを、なんとなく、知っているからです。

しかし、人生に起こる、さまざまな出来事も、この循環の一部であり、すべての出来事の背後には、たくさんの原因が絡《から》み合っており、本質とも繋《つな》がっており、エネルギーが蠢《うごめ》いている、ということまで、わきまえている人は少ないようです。

晴れの日が続き過ぎると、いつか大雨になるように、

好物ばかり食べ過ぎると、いつか病気になるように、

ひとり勝ちし過ぎると、いつか恨《うら》みを買うように、

すべての現象は、～過ぎる、という状態をイヤがり、変わり続けようとします。

願望が叶って、一時的に、いい思いをしても、それを独《ひと》り占《じ》めしたり、犠牲を省《かえり》みなかったり、結果や富や形あるものに執着すると、エネルギー化されない分が借金みたいに膨《ふく》れ上がって、怒涛《どとう》のエネルギー化が起こって、最悪の場合、すべてを失ってしまいます。

（ムー、アトランティス大陸は、そうして、海《うみ》の藻屑《もくず》と消えてしまったのです）

そうならないためにも、人生において、何かを失ったり、負けたり、損したり、盗まれたり、奪われたりすることの深い意味を、循環をヒントに、感じてほしいのです。

与えるから、与えられる、
別れがあるから、出会いが訪れる、
理不尽《りふじん》なことを乗り越えるから、才能が目覚める、
敗北を知るから、真の勝利が得られる、

失敗を重ねるから、成功するのです。

これらは、失ったものが、エネルギー化された後《あと》、形を変えて、現象化して、再び、帰ってきたことを意味します。

別れにも、きっと、深い意味があります。それは、憎しみにも、苦悩にも、敗北にも、失敗にも、悲しみにも、あるのです。

そこを踏《ふ》まえられたとき、循環秘術は、いよいよ、最大限の効果を発揮します。

一生、幸せが続くような出会い。「もう、死んでもいい…」みたいな愛。最大の敵が最強の味方になるような勝利。「失敗してよかった!」と、心底《しんそこ》、思える成功。

願望は、そうやって、ドラマチックに叶うのです。循環秘術を使うと。

ところで。歴史上の偉人たちは、どうやって、偉人になれたのか。知りたいと思いませんか? 循環秘術に、その答えがあります。

すべての現象、すべての結果は、エネルギーが現象化したもの。だとしたら、偉人になるという現象結果は、相応の強いエネルギーが作り出したもの、ということになります。エネルギーの在《あ》り処《か》は、空間中ですから、空間から、台風、ハリケーンのごとく渦巻《うずま》く、強いエネルギーを取り出し、使いこなせたから、方々《かたがた》は、偉人になれたのです。

この、渦巻《うずま》く、強いエネルギーのことを〝ドラゴン〟と呼びます。
実は、この日本にも、〝ドラゴン〟と繫《つな》がれる場所があります。
それこそが、全国津々《つつ》浦々《うらうら》にある神社です。

神社でお願いごとをしたり、絵馬《えま》を書いたりすると、願いが叶いやすいのは、そこの神社の空間中に、莫大《ばくだい》なエネルギー、〝ドラゴン〟がいるからです。

ところが昨今《さっこん》、まことに嘆《なげ》かわしいことに、多くの神社は、すっかり観光地化され、昔ほど、大切にされなくなりました。
真摯《しんし》に祈る人が減ったからでしょうか、のきなみ、エネルギーが目減《めべ》りしています。

ですから、わたしが日頃からお伝えしているのは、日常生活のなかで、空間を御神域《ごしんいき》に見立てて、神社さながらのエネルギーに満ちた場を作るという方法です。

早い話が、それを〝紙の上〟で実現したのが、この本なのです。

あなたの望む未来を、書けば叶う——という究極の願望成就《がんぼうじょうじゅ》アイテム。

詳しくは本編で述べますが、この本には、本そのもののエネルギーを、極限まで高めるために、さまざまな仕《し》掛《か》けを施《ほどこ》してあります。

ただ、本棚に飾っておいたり、持ち歩いたり、枕元に置いて寝るだけで、調子が良くなったり、元気がでたり、前向きになれたり、食欲がわいてきたりする。それぐらい、強いエネルギーが、宿っています。

（「なんて、怪《あや》しい！」と言われるのも承知の上で、あえて、そう申し上げます）

少なくとも、そう思って使っていただいた方が、より効果を発揮するからです。

この本さえあれば、あなたは、いつでも、どこでも、場所を選ばずに、〝ドラゴン〟を動かすことができます。

そのための方法が、〝書く〟ということなのです。

この本に、ご自分の願いごとを〝書く〟のは、〝ドラゴン〟にお願いするためです。

ただ、ぼんやりと、こんな感じかなぁ、と抽象的に、思いを巡《めぐ》らす、という段階では、〝ドラゴン〟は動きようがないので、ちゃんと動いてもらうためには、具体的な言葉で、言語化することが必要です。

〝ドラゴン〟は、〝言葉〟で動くからです。

ただし。はじめっから、「自分の願望は、こうだ！」と、はっきり、言語化できない人もいるでしょう。

さらに言えば、「心の底から、そうしたい！」「誰がなんと言おうと、自分は、絶対に、そうしたいんだ！」と、周囲の誰からも影響を受けず、本音中の本音で、そう語れる人、書ける人は、少ないでしょうから、この本では、書けば、書くほど、あなたの夢や願望が、ハッキリしてくるワークも用意しました。

本書は2012年に刊行した『ドラゴンノート』を全面リニューアルした改訂版ですが、実際に、この秘術を使って「願いが叶った」というご報告は、今もなお、後をたちません。

・社内の営業実績で1位になれた
・宝くじで大金が当たった
・あこがれの職場で働けるようになった
・理想の彼にプロポーズされた
・心から愛してくれる人に出会えた

いずれも、実際にあったことです。
そして、あれから7年の時を経て、さらに進化を遂げたのが、本書『書けば叶う』です。
あなたがいま、何かしら、不運《アンラッキー》だとか、不幸《アンハッピー》だと感じているとしたら、それは、エネルギーがうまく循環していないから、かもしれません。

その悪い流れを変えるのは、簡単です。

未来に〝最高に幸せな自分〟が確実に存在すると信じて、その姿をこの本に、書く（本書に収録されている「ドラゴンワーク」の記入欄および巻末の「付録ドラゴンノート」に、直接、書き込んでください）。
それだけでいいのです。

本書を読み進めるうちに、どこからともなく、エネルギーが流入してきて、明るく、ポジティブになっている自分に、きっと気がつくでしょう。

エネルギーが低い状態のときは、誰もが、

「自分の人生なんて、しょせん、こんなものよ…」

「そんなの、常識的に、ムリでしょ…」

といった考え方になりがちです。

エネルギーが高くなるにつれ、根拠のない自信とか確信が持てるせいか、

「できる！（ピンチでも）なんとかなる！」

という考え方に、自然になっていきます。すると、

「どうやら、今の自分は〝仮《かり》〟の自分であって、〝本当〟の自分というものが、未来に、存在するらしい…」

ということが、だんだん、わかってくるでしょう。

まずは、最後までお読みください。ゆっくりりで、けっこうですよ。

それでは、始めましょう。

令和元年　八月吉日

羽賀ヒカル

書けば叶う　目次

第1章　北極流・究極の願望成就法《がんぼうじょうじゅほう》

第2章　入門・書けば叶う「ドラゴンノート」の秘密

第3章　初級・ドラゴンノートの書き方9つの極意

第4章 中級・願望成就力《がんぼうじょうじゅりょく》の高め方

第5章 上級・願望成就《がんぼうじょうじゅ》の先にあるもの

第1章

北極流・究極の願望成就法《がんぼうじょうじゅほう》

1　師匠・北極老人との出会い

「お前、別人になったね……」

当時のわたしを知る友人たちは、口をそろえたように、そう言います。

わたしは、今、北極流《ほっきょくりゅう》占いを継承《けいしょう》し、人生相談や、セミナーをする日々をおくっています。

運命は決まっていない。性格も決まっていない。未来は、今、創《つく》るものだ。

思い込み、とらわれ、集合的無意識すらも、超える生き方。それが、北極流です。

わたしが変わった、すべての始まりは、北極流の宗家《そうけ》である北極老人との出会いでした。

15歳の頃のわたしは、何のとりえもない平凡な高校生で、

「このまま、死ぬまでフッーの人生なんだろうなぁ…」

と思っていました。

当時のわたしは、野球漬《づ》けの毎日。

しかし、野球が好きだからそうしていたのではなく、自分の運命から逃れるための口実にしていただけでした。

運命とは、自分の場合、医者になることでした。

実は、羽賀家は、先祖代々、医者の家系で、親戚はみんな医者でした。

親戚が集まると、

「〇〇の娘が医学部に受かった」だの、

「〇〇の息子は5浪しているのに医学部に受からない」だの、
そういった話題で持ちきりなのです。

医者がいちばんだ。だから、医学部に行きなさい。医者以外は、親族として認めない。

そういう無言《むごん》の圧力と、有言《ゆうげん》の圧迫《あっぱく》を受けて生きていました。

自分の未来を、親族、家族に、勝手に決められているような気がして、一族を取り巻く

空気は、息苦しく、不快で、とても生きた心地がしません。

わたしは、運命からも、受験勉強からも現実逃避していました。

学校では、居眠りしながら適当に授業を受け流し、放課後からは、もろもろの不安から逃れるように、野球に集中する。家に帰ったら、部屋に引きこもり、ラジオを聴きながら、マンガばかり読んでいました。

「オレのことなんて誰もわかってくれない。この先も、どうせ…」

そう思って、誰にも本心を話せずにいました。


そんなわたしに、転機が訪れます。忘れもしない、1999年4月9日（金）。

その日は、大学受験塾に、母と行くことになっていました。

数日前に、母は家のポストに入っていたチラシを見て、まったく勉強しないわたしに、何とか医学部に行ってほしいと思い、勝手に入塾説明の予約をしていたのです。

塾に行く直前に、母から見せられたそのチラシには、『大学受験塾 ミスターステップアップ』と書かれていました。

「なんだ⁉ 変な名前の塾だなぁ。でも、そもそも、オレ、勉強する気ないし、塾なんか行きたくないし…」というスタンスでしたが、チラシの一番下に書いてあった言葉が、目に飛び込んできたのです。

それは、「占い師をしていた二十代…」という、塾長のプロフィールでした。

「占い師が塾の先生？　いったい、どんな塾なんだろう？」

勉強には、ぜんぜん興味はありませんでしたが、占い師をしていたという塾長に、なぜか妙に惹《ひ》かれている自分がいました。

『大学受験塾　ミスターステップアップ』は、わたしの自宅から歩いて3分のところにありました。

しかし、ビルの入り口に、目立たない小さな看板が出ているだけで、近所なのに、まったく気づきませんでした。

「ずいぶん地味《じみ》な塾だなぁ。大丈夫か？」

と、少々不安になりましたが、塾の玄関の扉をあけて中に入ると、どうでしょう。

そこは到底〝塾〟とは思えないような、あたたかみがあって、心地よい空気に包《つつ》まれていました。

まるで草原にいるかのようです！

塾というものは、とかく、チョークの粉っぽさ、使い古された汚い机、騒がしい塾生の声で、ガヤガヤしているイメージがありました。が、ここは全く違います。塵《ちり》ひとつないぐらい、徹底して整理・整頓・掃除された教室で、自分の想像とあまりにも違っていたので、ぽかーんと口をあけて、しばらく棒立ちになってしまいました。

すると、背後から、声がします。

「こんにちは」

（なんて清々《すがすが》しい声なんだろう…）

と思いつつ、振り返ってみると、その声の主《ぬし》が居《お》られました。

その方《かた》こそが、後《のち》に、わたしの師となる、北極老人こと、『大学受験塾 ミスターステップアップ』塾長でした。

母とわたしは応接室に通され、いよいよ、入塾説明の始まりです。

簡単な挨拶の後、早速《さっそく》、本題に入りました。

ドキドキして落ち着かないわたしに、北極老人が、やさしい口調ながらも、端的《たんてき》に語りかけます。

「キミは…、医学部志望だけど、医者になりたくないんだね？」

「えっ!?」

まったく何も話していないのに、いきなり医学部のことを言われてびっくりしました。

北極老人は、さらに続けます。

「ああ…、キミは、医者の家系だね。でも、医者にはなりたくない。たしかに、キミは、医者というより、むしろ政治家に向いている。弁舌《べんぜつ》の才能がある。聴衆《ちょうしゅう》に向かって雄弁《ゆうべん》に語りたい、そういう欲求がある。でも、今は、語るべきことが何もないから、つまり、勉強してないから、１００％そうは思えていない。勉強すれば、きっとその才能が出てくると思うけど。

とにかく、医者にはなりたくない。それが、親にも、誰にも、口に出して言えないから、苦しい。苦しいから、勉強しない。勉強しないから、才能も出てこない。いっそう苦しくなって、ますます勉強しなくなる。それがキミの無意識が描《えが》いたシナリオであり、反発であり、鬩《せめ》ぎ合いだね」

わたしは、驚きのあまり、鳥肌が立ちました。

我が家が、医者の家系であることも、わたしがそれに、内心、反発していることも、亡《な》くなった祖父が政治家で、その影響かどうかわかりませんが、わたしが、人前で話すのが好きなことも、受験勉強から無意識のうちに逃げていることも、ぜんぶ、その通りです。

しかし、そもそも、そんなことを、初対面の北極老人が、知っているはずがありません。では、なぜ、それが、わかったのか。きっと、母が事前に話していたからに違いない、と思い、母のほうをチラッと見てみると、わたし以上に、驚いている様子でした。どうやら違うようです。

しかし、わたしが医者になることを誰よりも望んでいた母が、そのまま黙って退《ひ》きさがるわけがありません。母が言いました。

「でも、この子は小さい頃から、ずっと医者になるって言ってたんです！　だから絶対…」

勢いよく話す母の気をすかし、宥《なだ》めるように、北極老人は言いました。

「お母さん、息子さんの名前は、○○流の姓名判断で、命名されましたね？」

その言葉で、母の動きはピタリと止まりました。そして、

「え!?　確かにそうですけど…。な、なぜ、それを？」

と問います。すると、北極老人いわく、

「以前、占い師でしたから。今は、もうやっていませんけど、そのとき、大学を三つ卒業できるぐらい時間をかけて勉強し、家が三軒建つぐらいお金を使って学びましたから、占いに関して、わからないことは、ほぼ、ありません。

わたしの話はさておき…。息子さんは、運のいい名前です。頭もいいし、記憶力もいい。きっと、若くして成功するでしょう。

しかし、縛《しば》られるのが嫌いですから、あまり、期待したり、要求したり、し過ぎますと、表向《おもてむ》きは、素直なふりをしながら、心中では、強いストレスを溜《た》めて、ウソをついたり、

現実逃避したり、勉強しなくなりますから、要注意です」

「この子は、親の言うことをよく聞く、素直な、良い子だと思ってきたのですが…」

「だからこそ、危ないのです。

ご両親や親族の方々から、医学部に行け、とか、もっと勉強しろ、とか、言われれば言われるほど、彼は、強いストレスを感じ、集中力も、直感力も、脳の回転数も下がり、ますます勉強しなくなります。

彼が、素直で良い子に見えている時は、お母さんに気を使って、良い子を演じている時。つまり、強いストレスを感じ、ウソをついている時ですから、心中、穏《おだ》やかじゃありません。危険信号と取るべきです。

息子さんは、そろそろ、精神的にも、限界ですよ」

わたしの本当の気持ちをはじめて知ったのが、よほどショックだったのか、母は、少し、悄気《しょげ》ているように見えました。

北極老人は、今度は、わたしに向かって話し始めました。

「キミにとっての悲劇は、医学部を目指すか、目指さないか、にあるのではなく、周囲に気を使いすぎて、生まれ持っての才能——賢明《けんめい》さ、明るさ、直感、表現力——が発揮されないことだ。

だから、もっと、わがままに生きたらいい。

ただし、わがままに生きる、ということは、良い子を演じている時みたいに、ごまかしがきかない。自分がやったことが、ぜんぶ自分に返ってくるわけだから、実は、一番大変だけど、リターンも、才能発揮も、喜びも、一番大きいのだよ」

実は、ちょうどその日の1ヶ月前、法事《ほうじ》に顔を出した時に、叔父《おじ》から、

「将来は医者になるんだろう？　どこの医学部に決めた？」

とプレッシャーをかけられていました。

その時は一瞬、「やっぱり、医者になるしかないか…」と観念しそうになりつつも、今の成績から医学部を目指すのは無謀《むぼう》に思えました。「将来は医者になるんだろ？」という

一言が心の楔《くさび》となって、医者以外の未来を考えるたびに胸が痛み、苦しくなっていました。

しかし、北極老人は、一瞬で、その心の楔を抜いてくれたのです。

今まで誰にも言えなかった、本当の気持ちをわかってもらえた安心感に包まれると同時に、未来がパーッと明るくなった感じでした。

北極老人は再び、母に話し始めました。

「ここはひとつ、彼を信じて、自己責任のともなう、わがままを許してあげませんか？　そのほうが、勉強も、才能も、はるかに磨《みが》かれますし、これは少し逆説的になりますが、彼の場合、少々、わがままに生きないと、ご両親への感謝も、忘れがちになります。言い方は悪いですが、ろくな人間になりません」

「は、はい。わかりました」

あんなに素直に人の話を聞いている母を、わたしは、はじめて見ました。

そして、話はいつの間にか、大学受験の話題になっていました。

北極老人は、受験生の頃（北極青年時代）、5教科7科目すべてにおいて、数々の全国模試でトップ（偏差値80〜90）の成績をバンバン取る、成績優秀者の常連だったこと。

実際に、当時の模擬《もぎ》試験の成績表を見せてもらったら、どの科目も、ぜんぶ偏差値80以上で（中には90を超えるものもあり）驚きました。

さらに北極老人は、英語、数学、国語、物理、化学、生物、日本史、世界史、地理、政経、倫理《りんり》、小論文など、全科目をたった1人で指導していました。

このあと、受験勉強の必勝法や成績アップの秘訣《ひけつ》を聞いたわけですが、あまりにスゴイ話の連続で、ただただ感動しっぱなしだったことを覚えています。

家に帰ってすぐに、すごい先生に出会えた喜びと興奮に突き動かされるように、母に伝えました。

「あの塾に通って、あの先生のもとで受験勉強したい！」

今思えば、母に、はじめて自分の本音を伝えた瞬間でした。

2　北極老人の正体

塾に入ったばかりの頃のわたしは、毎日、不思議な光景を目にしました。

北極老人は、ほぼ毎日、誰かの相談に乗っていました。

塾生はもちろん、生徒の親御《おやご》さん、近所の喫茶店のマスター、ビジネスマン、OL、会社の社長、医師、塾講師、カウンセラー、プロの占い師など。訪《たず》ねて来る方は、ほとんど全員、「この人、大丈夫かなぁ?」と思うくらい生気《せいき》がなく、暗くて、どんよりと重い空気をまとっていました。

しかし、数時間後、北極老人とお話されて帰る頃には、みんな決まって、明るく元気になって帰っていくのです。

北極老人の話を聞いて涙を流す、なんてことも、しょっちゅうあって、

「キミはいいね。あんな素晴らしい先生に勉強を教えてもらって。うらやましいよ」

そんなふうに言われることも、めずらしくありませんでした。

わたしの興味は日に日に増していきました。

「先生（北極老人）って、一体どんなお話をされているんだろう？」と。

それから、数日たったある日のこと。

その日は、塾長室で北極老人が淹《い》れてくださった、とんでもなく美味《おい》しいコーヒーを飲みながら、二人で雑談をしていました。

わたしは、以前から気になっていた〝占い師〟という北極老人のプロフィールのこと、そして塾内で噂《うわさ》されていた、あることについて質問しようと思いました。

あることとは、北極老人がまだ、若かりし二十代の頃のこと。9つの占いの流派《りゅうは》を極め、のべ数万人もの相談に乗ってきた、伝説の占い師だったとか、魔法が使える風水師でもあったとか、失意《しつい》のどん底にいる人など、多くの人々を救ってきたとか、プロの占い師が占いを学びに来ているとか、霊能者が人生相談に来ているとか、医師が代替医療《だいたいいりょう》を学びに来ているとか、そんなすごい噂がたくさんあったのです。

そのときは、二人っきりだったので、思いきって、話を切り出しました。

「先生って、占い師だったんですよね？　どんな占いができるんですか？」

「なんでもできるよ。

原理、カラクリがわかれば、どんな占いにも応用可能さ。

占いは、何百種類もあるけど、根っこではみんな〝一つ〟に繋《つな》がっているからね。

〝一つ〟とは、世の中の、人生の、すべての結果の原因であり、すべての現象の本質であり、生命そのものだから、わたしはそれを〝光《ひかり》〟と呼ぶことにしている。

〝光〟――火にも、風にも、空間にも、環境にも、息にも、声にも、瞳にも、耳にも、心にも、思考にも、触覚にも、味覚にも、直感にも、宿っているんだ。

〝光〟は、そこから、出たり、入ったり、増えたり、減ったり、しながら、世の中の、そして人生の、運不運《うんふうん》というものを、創《つく》り出している。

だから、占いは〝光〟を見たり・集めたり・散《ち》らしたりするアートなのさ。

たとえば…、

オギャーと生まれた瞬間に、身体に宿るのが、宿命《しゅくめい》の〝光〟だから、それを読み解くのが、万象学《ばんしょうがく》、算命学《さんめいがく》、四柱推命《しちゅうすいめい》、紫微斗数《しびとすう》、ホロスコープなどの、生年月日で見る占い。

生まれてから今日までの、思考に宿るのが、運命の〝光〟だから、それをリーディングするのが、手相、人相、家相《かそう》、断易《だんえき》、タロット、姓名判断などの占い。

人生における、うまくいくか、いかないか、は思考に原因があるからね。

運を良くするために〝光〟を集める（＝チャージする）か、散らす（＝消費する）かというテクニックを、造命《ぞうめい》と言ってね、風水、気学、奇門遁甲《きもんとんこう》、気功、導引《どういん》、で使われている。

わたしは、これを、衣・食・住・言葉・イメージ・人間関係、つまり、日常生活の中で実践すべきだと思っている。

…と、まあ、いろいろあって、それが多くの流派《りゅうは》に枝分かれしていってね、結局、何百種類もあるんだよ」

「占いは、究極的には〝一つ〟というのは、真理は一つとも言えますよね。つまり、先生が仰《おっしゃ》る〝光〟は、真理とも言えませんか？

真理は一つなのに、どうして、流派による見方の違いができるんですか？」

我ながらすごい質問をするな……と、少々、どや顔ぎみのわたしに、

北極老人は、

「真理は一つだが、そのあらわれは、千差万別《せんさばんべつ》で、多面的だ。

たとえば…、

『古事記』には、「天と地がはじめて現れた時に、高天原《たかあまはら》に成った神の名は、天之御中主《あめのみなかぬしの》神《かみ》…」とある。その〝一つ〟の神から321柱の神が成り、最終的には、八百万《やおよろず》の神が

成った、とされているようにね。

また、化学の周期表を見ればわかるとおり、宇宙は、原子番号1番の水素から始まり、今日までに、性質の異なる、118種類（うち自然に存在するのは約90種類）の物質が誕生したことが確認されている。

そして、それらが組み合わさって、一億種類もの化合物《かごうぶつ》を作り出している。

人間の考えは、なおさらだ。数百種類のオリジナルの考え方をもとに、思考を通して、何万、何十万……、何億種類にも変化するだろう。

それゆえ、真理を悟《さと》ったとしても、同じ考え、同じ思想になることは、ほぼ、ないよ。シャカも、イエスも、孔子《こうし》、老子《ろうし》も、たしかに覚者《かくしゃ》だが、言っていることはみな違う。〝一つ〟に繋《つな》がりながら、時代によって、文明によって、文化によって、個性によって、情念によって、相手によって、表現はいろいろ変わるものだからね」

と、笑《え》みを浮かべながら、今度は少し、悲しそうな表情でこう続けました。

「たとえ、占いの根っこが〝一つ〟の〝光〟または、真理に繋《つな》がっていようとも、占い師、覚者らが、真理とはほど遠い生き方、ものの考え方なら、もはや、流派の違い云々《うんぬん》ではなく、それ以前の問題なのだが…」

明らかに、何か、重大なことを知っているご様子でしたが、あえてそこにはふれず…、「具体的に、どうやって占うんですか？」と尋ねると、

「ホンネを言うとね。実は、ぜんぶ、直感でわかるんだよ（笑）。数万冊も、本を読んで、数万人も、鑑定したら、占いをみなくても、ぜんぶ直感でわかるようになったんだよ」

正直、わたしは、占いというものをあまり信じていませんでした。占いなんかで、人生がわかるわけがない、とすら思っていました。そして、少し試してみるつもりで、「占ってもらえませんか？」

と尋《たず》ねてみました。

すると、北極老人はニッコリ笑って、こう仰いました。

「じゃあ、たとえば、誰でもいいから名前を挙《あ》げてごらん」

わたしはすぐ、従兄弟《いとこ》の顔が浮かびました。

その従兄弟は、一生懸命に勉強するも、５浪していたので、気になっていました。

従兄弟は苗字《みょうじ》が違うので、親戚であることを伏せて、北極老人に名前を告げて、その性格を尋ねました。

「この人も医者の家系だね。ずいぶんと苦労している。

親に期待されて無理やり医者になることを押しつけられているね。

彼もまたキミのように医者になりたくないと思っている一人なんじゃないかな」

「すげぇ〜！　なんでそこまで、わかるんですか!?」

それによって、火がついたわたしは、止まることなく質問を投げ続けました。

母のこと、父のこと、妹のこと…。

わたしのすべての質問に対して、北極老人は、的確に答えられました。

いいえ、的確に答えられた、とか、そういう次元ではありません。

誰にも言ったことがないような悩みまで、事細かく、完ぺきに言い当てられたのです。

驚愕《きょうがく》でした。その時すでに、占いに対する疑いの気持ちは吹き飛び、この不思議な世界に、すっかり魅了されていました。

調子に乗ったわたしは、次々に、いろんな人の名前を紙に書いていきました。合計30人ぐらいは書いたでしょうか。

名前を見るやいなや、北極老人の口から、怒濤《どとう》のごとくセリフが飛び出したのです。


「あなたの親友はね、この人。この友情は、きっと一生続くよ」

「この人とは、お金の貸し借りが生じやすいね。しかも、貸したら返ってこない」

「この人とは、すぐケンカになるね。昨日もケンカしたんじゃない？」

「この人は、遊び人。二股《ふたまた》、三股《みまた》は当たり前。この傾向は、28歳まで続く」

「この人は、頭いいね。京大に行くんじゃないの」

「この人は、あっ、肺が悪いね。呼吸法か、何か強いあこがれを持ったら治るよ」

「この人は、膝《ひざ》が悪いね。手術した形跡《けいせき》があるな」

……。

もう、言葉になりませんでした。わたしの親友のことも、お金を貸したけど返してくれない友達も、昨日ケンカしたばかりの友人も、遊び人の彼も、学年成績トップの彼（その後、京大合格）も、肺の悪い彼も、膝を手術した彼も、ぜんぶ見事に当たっていました。

「こ、こんな世界があったのか…」

あまりの衝撃で、全身がガクガク震えて、しばらく止まりませんでした。

さらに、北極老人の話は、思いもよらない方向に展開していきます。


「たしか、野球部だよね？」

「はい……」

「うまくならない原因は…、ボールから逃げる癖《くせ》だ」

「えっ！　どうして、わかるんですか？」

それは当時のわたしの一番の悩みでした。野球部のコーチから、ずっと注意されていたことです。バッティングも、守備も、「最後までボールから目をそらすな！」と、ずっと怒られていました。あっけにとられているわたしに対して北極老人は、

「ボールから逃げちゃダメだよ。

ボールから目をそらすから、捕《と》れないし、打てないんだよ。

もっと自分の反射神経を信じて、ギリギリまで目をそらさないようにすることだ。

それは人生においても同じこと。

目の前の問題から目をそらすと、正しい判断ができなくなる。

いいかい？

キミに必要なことは、覚悟だ。覚悟とは何か、わかるかい？」


「わ、わかりません…」

「覚悟、とはね、守りたいもののために、自分が傷つくことを恐れないことだよ。

チームのために、ボールにぶつかることを恐れてはいけないのさ。

いったん、やる（＝試合に出る）と決めたら、必死の覚悟でやるぞ、と奮起《ふんき》しなければ、後悔《こうかい》することになる。これを『大死一番《たいしいちばん》』と言う。

覚悟を決めて、一球一球（＝一瞬一瞬）に立ち向かうからこそ、心身《からだ》が即座に反応して、直感が働いて、良いタイミングを呼び込めるんだ。

これは野球に限った話ではない。受験勉強にも言えるし、人間関係にも、仕事にも、人生にも通じる。日々、毎日、瞬間瞬間が、ピンチであり、チャンスでもあるんだ」

そう言い終わると、ぼーぜんとするわたしに向かって、北極老人は微笑《ほほえ》みながら、言いました。

「こんなのは、ほんのお遊びさ。〝一つ〟の世界に繋がる〝光〟の階段が１００段あるとしたら、最初の５段、６段目ぐらいの世界だ。キミは、ほんの入り口を見たにすぎないよ」

そして、静かに、観葉植物に水をやり始めました。

わたしは、北極老人の背中を、ぼーっと見ていました。

すると、思わず口から言葉が出ました。

「先生（北極老人）、神様って、本当にいるんですか？」と。

北極老人は、観葉植物に水をあげていた手を止めて振り返り、優しく微笑みつつ、こう仰いました。

「このかわいい植物を見て、神様がいないとでも？」

「え!?……」

わたしがその言葉の意味を1％も理解できないでいると、

「では、そろそろ他の塾生たちも集まってきたようだから、みんなにカフェオレを飲ませてあげるとしよう」

と仰って、大きめのポットに、たっぷりのカフェオレを作ってくださったのです。

いつも驚嘆《きょうたん》させられるのですが、北極老人のコーヒーほど、コク、キレ、香りの調和した飲み物をわたしは知りません。とくにカフェオレは、それを作り始めるやいなや、なんとも言えない甘くて芳醇な香りにつられて、ダイニングに塾生が集まってくるのが常でした。

その時は９人の塾生が集まり、みな嬉《うれ》しそうにカップを差し出し、北極老人は一人一人にそのカフェオレを注いでくださいました。

「美味《おい》しい！　僕の好み（苦め）の味だ」と、ある塾生が笑いました。

「ほんと美味しい…。わたしの好み（甘め）の味だわ」と、別の塾生が言いました。

その時、北極老人が、こう仰いました。

「そのカフェオレは、各自の好みの味がするはずだ。ぜひ、飲み比べをしてみるといい」

そこにいた塾生たちは、首をかしげつつも、試しにカップを交換し合いました。

「ホントだ！　ぜんぜん違う！」

「同じポットの中のカフェオレなのに…」

「どうしてカップに注がれた瞬間に、好みの味に変わるの？」

「すごい！」

みな騒然《そうぜん》としつつも、不思議な安堵《あんど》感に包《つつ》まれていました。

その時、北極老人がわたしに、静かにこう仰いました。

「神様がいる、いない、を論《ろん》じるのは不毛《ふもう》だ。

というより、パラダイムシフトでも起こらない限り、神様や、気や、フォースといったものを、科学的に証明することは不可能だ。

世間では、不完全性《ふかんぜんせい》定理が証明されたから神様はいないよ、とか、お釈迦《しゃか》様が、アートマン（＝真我《しんが》）の存在を否定している（＝一切《いっさい》は空《くう》だ）から神様はいないよ、とか、アホなことを言っている人が、おおぜいいる。

そんな理屈よりも、実際に、人が、安心に包まれ、神様がいるとしか思えないような、静寂《せいじゃく》で慎《つつし》み深い、敬虔《けいけん》な気持ちになれるように生きることのほうが、遥《はる》かに大事だ」

「どんなふうに生きたら、そうなれますか？」

「キミが、そこに居《い》るだけで、みんな安心する。
キミが、人前で話すだけで、みんな安心する。
キミが、書いた文章を読むと、みんな安心する。
キミが、歌をうたうと、みんな安心する。
キミが、家に居るだけで、家族は安心する。
キミが、会社を経営すると、社員は安心する。

そういう人間になりなさい。

安心すると〝光〟が集まってくる。
その〝光〟を、呼吸・言葉・イメージで、方向づけするんだ。

まず、何事も、呼吸をととのえてから。いいかい？
落ち着いて、ゆ〜っくり、鼻から息を吸って、口から、静か〜に吐く。この繰り返し。
困った時、調子の悪い時は、たいてい、呼吸が乱れているからね。

次に、言葉。

「できる！」「大丈夫！」「できた！」「良くなった！」などの、ポジティブな言葉で、自分自身を、プラスの方向に誘導《ゆうどう》する。


そして、イメージ。

早朝のあるいは、夕方の、まばゆい太陽をイメージしよう。人生で最も感動した場面の感情（うれしい・楽しい・気持ちいい・清々《すがすが》しい・誇《ほこ》らしい）を取り出してもいい。

そうやって集められた〝光〟を、

料理に向けたら、最高の食事になる。

勉強に向けたら、勉強が楽しくなって、成績が上がる。

会話に向けたら、言葉はエネルギーなんだ、と実感する。

コーヒーに向けたら、みんなの好みの味に変化する。

マッサージに向けたら、痛みが消える。

これが、ゴッドハンドだよ。

涙が出るほど美味しい料理が作れるのも、
めちゃくちゃうまい野菜が穫《と》れるのも、
子育てで、いい子が育てられるのも、
センター試験の英語で、たった30分で満点がとれるのも、
東大京大の数学で、満点（＝6問完答）がとれるのも、
言ったこと、書いたことが、実現するのも、
触っただけで痛みが取れてしまうマッサージも、
みんな、ゴッドハンドの、なせるワザさ」

わたしは、もう一度、さっき理解できなかった北極老人の言葉（このかわいい植物を見て、神様がいないとでも？）を思い出し、観葉植物を、じーっと見つめました。
一瞬、時間が止まったかのような感覚に襲われましたが、次の瞬間、エメラルド色の

龍神《りゅうじん》が観葉植物の上を踊躍《ゆやく》する姿が目に映ったのです。

ハッと我に返りました。すると、どうでしょう。さっきまで何とも思わなかった観葉植物が、急に愛《いと》おしく思え、胸の奥から熱い感謝の思いが込み上げてきたのです。

気がつくと、涙がワーッとこぼれました。

そんなわたしに対して、北極老人は、こう仰いました。

「この塾には、〝光〟が集まってくるように、結界《バリア》がしてあってね。

結界《バリア》とは——まず、(わたしと妻の)夫婦仲が良いこと。次に、塾内の、どこもかしこも、ピカピカに磨《みが》き、整理整頓《せいとん》し、気の通りを良くすること。さらに、音響《おんきょう》と、香りを使って、癒《い》やしの空間を創ること。最後の決め手は、日々の食事にある。波動の高い食事とお茶を楽しむこと。これで塾内は、安心の気に満たされて〝光〟が集まってくる。あとは、ゴッドハンドだ。

イメージの世界で、〝光〟のおむすびを作って、元気玉《げんきだま》に変化させて、塾生の幸せを祈る。

それで結界《バリア》が張られる。

そのせいか、不思議な現象も、ちょくちょく、起きるんだよ。

しかし、それも、〝一つ〟の世界に繋《つな》がる、〝光〟の階段があるとしたら、初歩のレベルにすぎない。

遥《はる》か彼方《かなた》の〝一つ〟の世界は、つまり、一線を越えた世界は、日常からかけ離《はな》れた特殊《とくしゅ》な世界ではない。むしろ逆で、ごく普通の日常の中にこそある。

勉強であれ、恋愛であれ、家庭であれ、仕事であれ、行き着く先（＝ゴール）はみな同じだ。

それは〝もう何もいらない〟と思えるほどの幸せ（＝真の幸福）を感じること。

その時、キミは、すべてを得ているんだよ。

さあ、そうなったら、こんどは、キミが、誰かを幸せにする番だ。

自分と相手、自分と風、自分と太陽、自分と環境、自分と地球との間に、一切の隔《へだ》たりが存在しないかのような一体感。安心感。

それが、〝一つ〟の世界であり、日常の数限りない場面で、それが感じられるようにするのが、風水や占いの本当の活用法なのだよ」

気がつけば、4時間以上も経《た》っていました。

わたしにとっては、今までの人生で味わったことのない、夢のような時間でした。家に帰っても、興奮冷《さ》めやらず、結局、その日は一睡《いっすい》もできませんでした。

次の日、すぐに本屋に向かい、何冊も占いの本を買い込み、さっそく勉強を始めたのです。北極老人から、占いを勧《すす》められたわけではありません。むしろ、「普通の人生が歩めなくなるから、やめときな…」と、止められたぐらいです。

しかし、わたしの中では、やめる気持ちなど、さらさらありませんでした。それどころか、「絶対に、先生（北極老人）に弟子入りして、占いを教えてもらおう！　そして、いつか、北極老人のような鑑定《かんてい》ができるようになりたい！」

と思っていました。

大学生になって、北極老人のもとへ弟子入りし、本格的に占いを学ぶようになりました。

大学では〝占い青年〞と呼ばれ、噂が噂を呼んで、多くの人がわたしを訪ねてくるようになりました。

あれから、およそ15年。

今は、セミナーや書籍などを通して、北極老人より教わった叡智《えいち》の数々をお伝えしています。

その内容は占いだけにとどまらず、全国各地にある神社の秘密、宇宙の深遠《しんえん》な話など、およそ普通に生きていては生涯《しょうがい》知り得ないことばかりです。

そのような叡智を日常に活かし、一人でも多くの方がより素晴らしい人生を歩んでくだされば と願っています。

3　北極老人の門下生《もんかせい》

ちなみに、北極老人のすごさは、受験勉強と占いだけではありません。

料理の腕前もプロ級…、いや、プロ以上でした。

「美味《おい》しい」という次元を遥《はる》かに超えているのです。

「こ、こんな料理があったのか…」

プロの料理人が、北極老人の料理を食べて、価値観が変わってしまうほどでした。

「美味しすぎる…」

口にするだけで、全身にエネルギーが漲《みなぎ》り、心の闇《やみ》が退《しりぞ》けられ、恍惚《こうこつ》とする。

おおげさに言っているわけではありません。

学校に通えないぐらい精神的に落ち込んでいた高校生が、北極老人の料理を食べるだけで、みるみるうちに生気《せいき》がよみがえり、しぜんに勉強机に向かうようになるのです。

そんな光景を間近《まぢか》で何度も目にしてきました。

勉強する様子など微塵《みじん》もなく、何事においてもやる気のなかった高校生が、北極老人の料理を食べているうちに、自分の未来を信じられるようになって、勉強し始めるのです。


北極老人から影響を受けた塾生たちの中からは、毎年、大学受験に合格して、弟子入り志願をする門下生《もんかせい》が続々と現れました。

北極老人は、弟子を募集していたわけではありません。むしろ、断っていたぐらいです。

しかし、次第に若者が集まってくるようになり、

ある者は、受験指導を学び、
ある者は、料理を学び、
ある者は、経営を学び、
ある者は、お茶を学び、
ある者は、パワーストーンを学び、

そして、わたしは、占いと、神社の知識を学びました。
今では、わたしたち門下生は北極老人のもと、大阪府枚方《ひらかた》市楠葉《くずは》でグレイトティーチャー株式会社を運営し、さまざまなジャンルのセミナーや勉強会を通じて、「幸福になる生き方」をお伝えしています。

また、それを体感していただけるお店も増えました。

「大学受験塾 ミスターステップアップ」「御食事ゆにわ」
「べじらーめんゆにわ」「社員食堂ゆにわ」「身内食堂ゆにわ」
「茶肆《ちゃし》ゆにわ」「パティスリーゆにわ」「シロフク コーヒー」
「ボディ ヒーリング サロン ゆにわ」「ゆにわマート」
「（東京）Teas《ティーズ》 Uniwa《ユニワ》 白金 & 斎庭《ゆにわ》 Salon《サロン》 de《ド》 thé《テ》」

北極老人の教えを各分野で、お伝えしているのです。

4 願望成就《がんぼうじょうじゅ》と自己実現《じこじつげん》は違う

話を戻して、わたしが〝占い青年〟と呼ばれた大学生の頃、すでにたくさんの方を鑑定するようになっていました。同時に、ある疑問にぶつかっていました。

それは、多くの人が抱《かか》える悩みや苦しみの原因が、「願望が成就しないから幸せになれない」と、思い込んでいることにありました。

「夢や願望が叶《かな》うこと＝幸せ」
「夢や願望が叶わないこと＝不幸せ」

この考え方に、ずっと引っかかりを感じていました。

「願望が成就すれば、幸せになれるのか？」

「願望が叶わなければ、ずっと不幸せなままなのか？」

「そもそも、人は、願望を叶えるために、生まれてきたのか？」

「人が目指すべきゴールは、なんなのか？」

わたしはそれらの疑問を、北極老人に尋《たず》ねました。

すると、北極老人は、このように仰《おっしゃ》いました。


「多くの人は、自己実現《じこじつげん》と、願望成就《がんぼうじょうじゅ》とが、イコールだと思っている。

しかし、自己実現と、願望成就とは、まったく別ものなのだ。


願望成就とは、〜が欲しい、〜に成りたい、という具体的で、形の有《あ》る、目標のこと。

自己実現とは、最終的に、どうありたいか、どんな（人生の）景色が見たいか、という抽象的で、形の無い、目的、人生のゴールのこと。

人生のゴールとは、本当の自分を知る（＝悟《さと》る）こと。

それが真の幸福である。

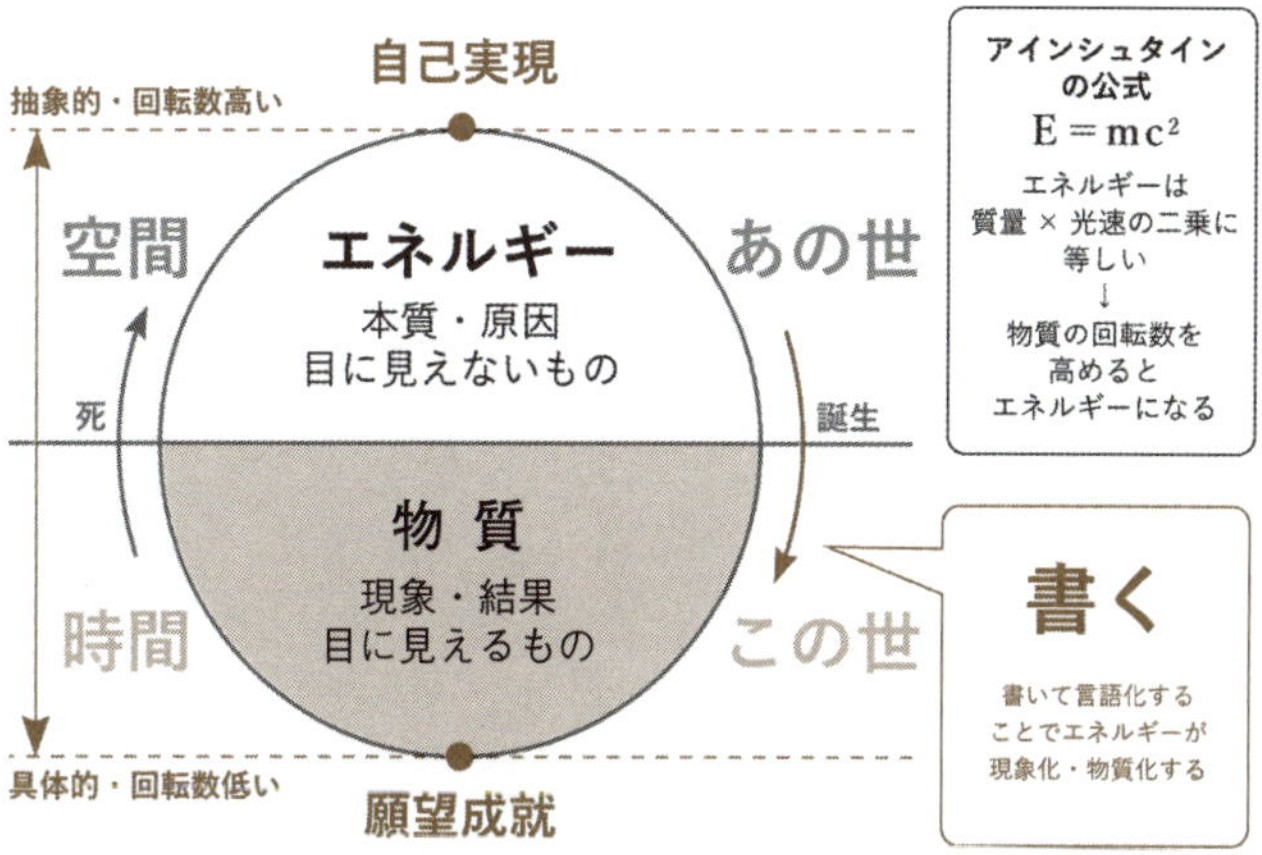

人生には、たしかに、願望成就も必要だが、それは人生のスタートであり、ゴールに進む（＝気づく）ための準備にすぎない。

準備のために、エネルギーを消費し過ぎると、そのうち、エネルギー切れを起こしてしまい、真の幸福（＝自己実現）からは、どんどん遠《とお》ざかってしまう。

願望成就は、『願望が、叶ったから、幸せ』という、一時の幸福にすぎないが、自己実現は、『願望が、叶っても、叶わなくても、幸せ』という、絶対的幸福《ぜったいてきこうふく》。

それらは、似《に》て非《ひ》なるものなのだよ」

「でも、先生。

多くの人は、願望が叶ったから幸せ、叶わなかったら不幸せ、というループからは、なかなか、抜け出せそうもありません。どうにかして、幸福と願望を両方実現する方法はありませんか？」

「もちろん、あるさ。
最もてっとり早い方法は、俗《ぞく》っぽい世界に、とことん、うんざりすることだね。
（う、ん、ざ、りする＝飽《あ》き果ててイヤになる）
そうやって、さっさと、次のステップに進んでいくと、
いつしか忘れた頃に、すべての願望は、成就しているものだよ」

「俗っぽい世界に飽きることができない人は、どう生きればよいでしょうか？」

「〝幸福な時間感覚〟で生きればいい」

「〝幸福な時間感覚〟ってなんですか？」

「たいていの人は、時間感覚の罠《トラップ》にハメられているせいで、自縄自縛《じじょうじばく》になって、身動きがとれず、願望や、思ったことが、なかなか成就しない。

（自縄自縛＝自分の縄で自分を縛《しば》るように、自分の心がけや言動によって自分自身の動きがとれなくなり、苦しむこと）

時間感覚の罠とは、時間というものが「過去↓現在↓未来」へと、一方的に流れているという思い込みのこと。

時間は、心（主観《しゅかん》）で作られているのであって、絶対的なものじゃない。みんなそれに囚《とら》われているだけ。いったん心をリセットする（無心になる）と、時間感覚は自由になる。たとえば、過去↑現在↑未来という（みんなが思い込んでいる時間とは逆向きの）時間の流れが感じられるようになる。

「過去↓現在↓未来」という時間だけでなく、「過去↑現在↑未来」という時間も（二つの時間感覚を同時に）感じられる時とは、どんな時か？

・時間が止まって感じられる時
・無我夢中《むがむちゅう》の時
・不安や恐怖が消えるほどの、絶体絶命《ぜったいぜつめい》の時
・一切空《いっさいくう》（＝この世は幻想だ）を悟った時
・人生は夢にすぎない、と気づいた時
・「何もいらない！」と思えるほど、真に満たされた時
・人生を大所高所《たいしょこうしょ》から眺めている時（達観《たっかん》）
・必要最小限を悟った時（あれも欲しい、これも欲しい、ではなく、これだけで十分と悟った時）

それが〝幸福な時間感覚〟ってこと」

「〝幸福な時間感覚〟について、もう少し、説明してください」

「過去→現在→未来という時間の流れが、生《しょう》→老《ろう》→病《びょう》→死《し》という苦しみ（＝四苦）を作

っているのはわかるかな？

それゆえ、わたしは、これを不幸な時間感覚、と呼んでいるのだが…」

「はい。わかります」

「では、それとは逆の、過去↑現在↑未来という時間の流れは、何を作っているか？」

「わかりませんが、生↓老↓病↓死の逆ということは、生↑老↑病↑死ですか？」

「その通り。では、生↑老↑病↑死は何を意味するのか、わかるかな？」

「悟り…ですか？」

「**不老不死《ふろうふし》だ**」

「不老不死…錬金術《れんきんじゅつ》や、仙人《せんにん》の術の不老不死ですか？」

「そう。ただし、永遠の肉体、という意味ではなく、永遠に壊れない何かのこと。

幻想ではない、といえる何かのこと。

ほんものの愛のこと。

これを、不滅《ふめつ》の自己、真我《しんが》という人もいる。

宇宙も、生命も、意識も、ここから発生した。

つまり、過去↑現在↑未来という〝幸福な時間感覚〟によって、宇宙は創《つく》られた」

（厳密に言うと、ビッグバンの瞬間は〝幸福な時間感覚〟で、その後は〝幸福な時間感覚〟と〝不幸な時間感覚〟とを交互に繰り返しながら、今日《こんにち》の宇宙は創《つく》られた）

「ということは…すべてのものは、過去↑現在↑未来という〝幸福な時間感覚〟によって創られた、ってことですね」

「その通り。

実は、キミがさっき言った錬金術（古代エジプトに起き、ヨーロッパに広まった原始的な化学技術・魔術）も、錬丹術《れんたんじゅつ》（中国の錬金術）も、乳海攪拌《にゅうかいかくはん》（インドの錬金術）も、ツクヨミノミコトの神話に出てくる変若水《おちみず》（日本の錬金術）も、不老不死を謳《うた》っているものは、みな、過去↑現在↑未来という〝幸福な時間感覚〟に関係がある」


「先生、ぜひ、教えてください。北極流《ほっきょくりゅう》の錬金術を。

そして、それを、世の多くの人々が求める願望成就の究極のアイテムとして使わせてください！」


「もちろん、かまわない。

しかし、多くの人がこういった秘密の知識や力を手に入れ、道を踏《ふ》み外《はず》したり、悪用してきたという、裏の歴史もある。

覚者《かくしゃ》らでさえ、その例外ではなかった。

だから、これらの秘密の知識や力を悪用できないカタチになるまでは、決して公開しないでほしい」

と言われ、それから何年にもわたって北極老人と対話を重ね、この「ドラゴンノート」を完成させました。

5　北極老人の言ったことはどんどん実現する

北極老人のことを昔からよく知る方々は、みんなあるこ、、とで非常に驚いています。そのあるこ、、とは、まさにこのドラゴンノートの秘密にかかわることです。それは、北極老人が言葉に出したこと、望んだことが、すべて現実化していくことです。

北極老人が、「こうなれば良いね…」、「ああなれば良いね…」と口に出して話したことは、すべて実現しているのです。

仕事のこと
家庭のこと
会社のこと

社会の流れのこと
日本経済のこと
世界経済のこと
国際情勢《こくさいじょうせい》のこと

北極老人が言ったことが、すべて現実化していくのです。

なぜ、現実化するのでしょうか?

その理由こそが、願望成就《がんぼうじょうじゅ》の極意《ごくい》であり、本書『書けば叶う』の秘密です。それを、今からお話しします。その秘密を知り、〝幸福な時間感覚〟をマスターし、ドラゴンノートを日々実践していけば、そう遠くない未来に、あなたの言ったことも実現するようになります。そのとき、あなたは、願望成就というレベルを遙《はる》かに超えた、本当の自己実現《じこじつげん》の意味を知るでしょう。

あのまばゆい感覚に、あなたが包《つつ》まれようとするとき、本書は使命を全《まっと》うします。

いよいよ、ここからドラゴンノートの秘密をお伝えします。

第2章

入門・書けば叶う「ドラゴンノート」の秘密

6　ドラゴンノートには結界《けっかい》が張られている

ドラゴンノートには北極老人より直接伝授された〝究極の願望成就法《がんぼうじょうじゅほう》〟にもとづき、結界《けっかい》（バリア）が張られています。

結界（バリア）とは何か…？

北極老人いわく、

「結界《バリア》とは、古代から伝わる秘術で、家・土地・神社仏閣《じんじゃぶっかく》に侵入してくる〝ネガティブ・エナジー〟（邪気《じゃき》、邪霊《じゃれい》、残留思念《ざんりゅうしねん》、集合的無意識《しゅうごうてきむいしき》など）を浄化《じょうか》し、清々《すがすが》しい場と空間を保ち、〝光〟（幸運、癒《いや》し、閃《ひらめ》き、神道における神気《しんき》、方位術《ほういじゅつ》における祐気《ゆうき》など）を集めるための装置のようなものだ」と。

さらに…、

「結界《バリア》は、人間の成長・進化・幸福の邪魔《じゃま》をするネガティブな要因を取り除き、〝悟《さと》り→知恵→幸福→自由〟を招《まね》き寄せる仕組みのことだ」

とのことです。

〝悟り→知恵→幸福〟は、トリヴァルガ（インドの言葉）のことです。

トリヴァルガとは…、

人間が生きる目的は三つあり、それを「ダルマ（法《ほう》）」「アルタ（富《とみ》）」「カーマ（愛情）」といいます。四つと考えると、それに「モクシャ（解脱《げだつ》）」が加わります。

「ダルマ（法）」は、人間としての〝悟り〟です。

悟りと言っても、さまざまな段階があります。たとえば、困っている人を助けたり、盗みはいけないと考えたり、禅《ぜん》でいう「あるがままの自分」に気づくのも悟りの一つです。

「アルタ（富）」は、生きていくための〝智恵《ちえ》〟であり〝力〟です。

お金、地位、名誉《めいよ》、土地、車、家をはじめ、困っている人を実際にどうやって助けるのか、という具体的なアイデアや、「あるがままの自分でいいよ」と相手に気づかせる方便《ほうべん》も〝智恵〟の一種です。もともと、富や財《ざい》や名誉は、人を助けるためにあるものです。


「カーマ（愛情）」は〝幸福〟です。

幼児の愛情欲求に始まり、恋愛、結婚、信仰心《しんこうしん》まで、〝幸福〟にも多くの段階があります。

香水、美食、音楽、芸術、エステなど、五感を満たすための快楽も〝幸福〟の一要素です。そして、最大の〝幸福〟は、天地自然《てんちしぜん》や万物《ばんぶつ》との一体感です。


「モクシャ（解脱）」は〝自由〟です。

〝自由〟という言葉ほど、人によってイメージの異なる言葉もないでしょう。

〝自由〟にも多くの段階があります。

愛情欲求からの自由（主に子ども。最近では、大人も…）
学校（の苦しみ）からの自由
恋愛（の苦しみ）からの自由
経済的（苦しみからの）自由
親・兄弟・子ども（への執着《しゅうちゃく》）からの自由
自我《じが》（の苦しみ）からの自由
生死《せいし》（の苦しみ）からの自由
そして、自己実現《じこじつげん》へと至ります。

神社仏閣《じんじゃぶっかく》のなかには、強力な結界（バリア）が張《は》り巡《めぐ》らされているところもあります。
そういった場所は〝光〟に満ちあふれています。
古代のテクノロジーにもとづき、神社で発した願望が、本人にとって最も良いかたちで、自然に叶《かな》うような仕組みが調《ととの》えられているのです。

神社参拝のおかげで、

「仕事がうまくいった」
「理想のパートナーに出会えた」
「夢が実現できた」
という成功者は、世の中に、たくさんいらっしゃいます。

そして、ドラゴンノートの仕組みも、それと同じです。

ドラゴンノートに込められた結界《けっかい》（バリア）のパワーには、ノートの上で神社と同じような神域を再現する仕組みが施《ほどこ》されています。

神社と違うのは、ドラゴンノートさえあれば、いつでも、場所を選ばず、願望を発することができるところです。活用すればするほど、〝光〟が集まり、あなたの人生を力強くサポートしてくれるでしょう。

7 ドラゴンノートを発動させる

ドラゴンノートには、あなたの願望《がんぼう》を成就《じょうじゅ》させる結界《けっかい》（バリア）が張られていますが、今はまだ〝眠ったまま〟なので、あなたの手によって発動させなければなりません。

そのためには、まず、次のページにある〝ドラゴンノート宣言文《せんげんぶん》〟を自分の手で書いて、完成させてください。それにより、ドラゴンノートが発動します。

ドラゴンノートを発動させる宣言文

ページの下半分に、
例文にしたがってドラゴンノート宣言文を書きましょう。

[例]
宣言文
「このノートは、（※氏名を記入）のドラゴンノートです。
私は (※住所を記入) に住んでいます。
私は幸福な時間感覚で生きています」

8　過去（嫌な思い出）は変えられる

現在というものは、一瞬にして過去になります。今から1時間後には、1時間分の過去ができあがるわけです。ということは、1時間前の過去の地点から、今現在というものを眺めてみると、どうでしょうか？

今現在は、1時間先の未来だということになります。

さて、あなたの今いる地点は、現在です。現在に向かって、未来がどんどんやってきては、過去へ消えていっているのです。過去がどうであろうが、「未来のあなた」とは関係ないのです。

もちろん、すべての過去は役に立たないとか、過去に経験したことや勉強したことは、すべて無意味だ、と言っているのではありませんよ。

それどころか、〝幸福な時間感覚〟（過去→現在→未来）に生きている人は、すべての過去を生かしながら、活用し、最短距離で、願望を実現させることができます。


あなたの人生を〝ジグソーパズル〟にたとえると、元となる1枚の絵は、あなたが最高に幸せになった未来像で、1枚の絵（未来像）を構成する〝ピース〟と呼ばれる欠片《かけら》は、過去の出来事に相当《そうとう》します。

一つ一つの過去の出来事（ピース）は、良い思い出だったり、悪い思い出だったりしますが、それらが人生にとって、どんな意味があるのかは、わかりません。

だから、人生に起きる出来事に、一喜一憂《いっきいちゆう》してしまうのです。

この、ものごとに一喜一憂するという生き方（状況の変化に従って、いちいち喜んだり心配したりすること）が、幸福を遠ざけるのです。

「今日は応援している野球チームが勝った！　やった！」などの適度な喜びは、ストレス発散にもなってよいのですが、度を越して、はしゃいだり、落ち込みすぎるのは、心がノイズィに（さわがしく）なるのでよくありません。

〝幸福な時間感覚〟（過去↑現在↑未来）に生きている人は、良い思い出も、悪い思い出も、最高に幸せな未来像（１枚の絵）を構成する欠片《ピース》なんだ、ということを知っています。なので、いかなる出来事にも、気分・感情・思考・心を大きく乱したりしません。

「そうは言っても、やっぱり、過去（嫌な思い出）は変えられないじゃないか！」と思う方もいらっしゃるでしょう。

果たして、本当に過去は変えられないのでしょうか？

いいえ、そんなことはありません。過去だって、変えられるのです。

過去は、「その人の記憶の中にある出来事に対する現在の解釈」に過ぎません。過去・現在を最終的に決めるのは、未来です。未来がどうなるかによって、過去に対する解釈は変わります。

これは、Ａさんという男性のお話です。

高校時代、全然、受験勉強をしていなかったＡさん。ケンカはするし、タバコは吸うし、毎日深夜まで遊びほうけるし……。はっきり言って、誰から見ても、俗《ぞく》にいう劣等生《れっとうせい》で不良でした。

しかし、高校を卒業した直後、一大転機《いちだいてんき》が訪れます。Aさんは大失恋をします。将来を誓《ちか》い合った恋人に浮気をされて、ひどいフラれ方をします。

さらに、就職が約束されていた会社がいきなり倒産し、内定は白紙になりました。そして、追い打ちをかけるように、父親を病気で亡《な》くしました。

この時点で、Aさんは、すべてを失ったように見えました。絶望的に、見えました。

ふつうならば、大ショックのなかで、意気消沈《いきしょうちん》して、捨てばちになってもおかしくありません。

しかし、なぜか、その時のAさんは、落ち込んでいませんでした。落ち込むどころか、まるで、長い眠りから覚めたかのように〝覚醒《かくせい》〟していました。

「オレ、このままじゃいけない！」という覚悟が決まると同時に、内面から、とてつもないほどのパワーが込み上げてきたそうです。

そして、人生を変えようと、大学受験を決心して、猛《もう》勉強を始めました。1年間、死にもの狂いで勉強しました。1日に17時間以上勉強する日もありました。ときには、意識が飛んでしまうほど勉強しました。

その結果。Aさんは、第1志望の早稲田大学に合格しました。

たった1年で、周囲の誰もが驚くほどの大変化を遂げたのです。

その時のAさんは、不良だった頃とは比べものにならないくらい、ひと回りもふた回りも大きく成長し、まるで別人のように輝いていました。もちろん、本人が、いちばんそれを実感していました。

彼女にフラれて、就職は白紙、父親を亡くした時点では、Aさんの人生は絶望的でした。

もし、その時点で彼が過去を振り返ったら、

「彼女と交際しなければよかった…」とか、

「父親に親孝行できなかった…」とか、

彼女や父親との楽しかった思い出すらも、ぜんぶ悲しい思い出となり、ひたすら後悔《こうかい》の

念にかられ、今（現在）を重く暗い気持ちで、生きたかもしれません。

しかし、その過去の出来事は、「未来の自分から送られたメッセージ」と捉《とら》えればどうでしょうか？

猛勉強して、早稲田大学に合格して、何百倍も成長して、魂《たましい》からキラキラ輝いているAさんが、確実に未来に存在していて、そこから現在の自分へメッセージがはなたれていたとしたら…。大転機が訪れる前のAさんにしてみれば、当然そんな「未来」は想像すらできません。

しかし、視点を変えれば、彼女にフラれたことも、「人生を変えろ！」という未来からのメッセージだと考えられます。

そのタイミングで父親を亡くしたことも、「もっと頑張らんかい！」という未来からのメッセージと考えられます。

Aさんは、その未来からのメッセージを見事にキャッチしたからこそ、過去を振り返らず、一念発起《いちねんほっき》して人生を変えることができたのです。

彼女にフラれて、就職先がなくなり、父親を亡くした時点のAさんではなく、それから死にもの狂いで頑張った1年後の彼から過去を眺めれば、過去の記憶に対する解釈が変わっていることに気づくでしょう。

「あの失恋は本当に辛かったけど、今（現在）にしてみれば、ひたすら勉強に打ち込めたのも、あのおかげ」

「就職が白紙にならなかったら、早稲田大学に合格することもなかった」

「父親が亡くなったとき、ちゃんと生きないとダメだと覚悟が決まった」

など。

人によっては……、

「あの時は、安い給料でこき使われて、毎日、仕事を辞めようかと思ったけれど、今こうして、人を（部下を）指導できるようになったのも、あのハードな日々をくぐり抜けたからだ」とか、

「あの厳しい先生のもとにいた頃は、毎日〝辞めたい…〟と思うほどキツかったけど、今

こうして夢を実現できたのは、あの先生のおかげだ」

と、考える人もいるでしょう。

そうやって、辛い過去（の記憶）すらも肯定・感謝できる日が必ず、やって来るのです。いっけんネガティブな過去の記憶も、ポジティブに感じられる日が来るのです。

これが、過去（嫌な記憶）も変えられるということです。

（ただし、〝幸福な時間感覚〟で生きている人は、いちいち、そんなふうに過去を振り返ったりしません。現在只今《げんざいただいま》が幸せなので、過去を肯定《こうてい》する必要がありません）

大事なことは、「過去と闘《たたか》わないこと」です。

今《いま》が輝けば、未来も輝き、自然に、悪い思い出（過去）も、良い思い出に変わるのですから、いちいち振り返らないことです。

そして、「只今に生きること」です。

只今に生きて、未来に、どんな種を蒔《ま》いていくかによって、過去すらも変わります。

北極老人いわく、

「どんなに最高っぽく見える成功人生でも、死ぬ間際《まぎわ》が不幸なら、良い人生とは言えない。

今日、明日、死んだとしても、いっさい後悔しないように生きるべきだ。

毎日、ずっと、24時間、オールウェイズ、自分に正直に生きるべきだ。

〝幸福な時間感覚〟で生きている人は、過去とは無関係に〝只今〟が幸せで、それゆえ未来に対しても〝良い予感〟を持ち続けているから、いつ死んでも幸せで、その後も、永遠の幸福が続くのだ」と。

ドラゴンワーク 1

1．あなたが“やり残している”と後悔していること、先延ばしにしていることは何でしょうか？

[例]
○○さんに○○を伝える。
部屋の掃除。
実家を出て一人暮らしを始める。

2．いつまでに、それを実行し、完了させますか？　期限をつけて書き出しましょう。

[例]
○月○日までに○○さんに○○を伝えました。
○月○日までに部屋の掃除を完了させました。
○月○日までに実家を出て一人暮らしを始めました。

9　未来は、どのように決まっていくのか？

人生は、自由です。
幸福になるのも、不幸になるのも、自由です。
成功するのも、失敗するのも、自由です。

すべては、あなたが〝それ〟を選ぶか、選ばないかだけなのです。

では、未来はいつ決まっているのでしょうか？
繰り返し述べますが、過去が未来を決定しているわけではありません。
未来を決めているのは「只今《ただいま》」です。

只今とは？

一瞬、一瞬。

この文章を読んでいる間にも、刻一刻《こくいっこく》と、未来からのメッセージはやって来ています。「どの未来を選択しますか？」という問いが、毎瞬、毎瞬、ひっきりなしに、未来から送られ続けているのです。

ドラゴンノートを書くことは、どの未来を選択するのかを宣言することです。願望《がんぼう》が成就《じょうじゅ》するまでに、無数のヒントが、未来からあなたのもとへ、やって来ているはずなのです。

無数のヒント。

それは、あなたの願望成就のためのヒントです。

たとえば…北極老人が中学生の頃の話をしましょう。

中学生の頃の北極老人を〝北極少年〟とします。

北極少年には、どうしても叶《かな》えたい願望が四つあったそうです。

・学年一の美女とデートする（モテない）
・英語が得意になる（常に赤点）
・体重を65キロに減量する（もとは90キロ）
・将棋が学校で一番強くなる（好きだけど弱い）

それを紙切れに書いて、ある場所に隠しておいたそうです。


それから3年後。

北極少年が、高校2年生の頃、家族の引っ越しの際に荷物を整理していると、ある場所から願望を書いた紙切れが出てきたそうです。

その紙切れの存在をすっかり忘れていた北極少年は、「なんだろう？」と思って、その紙切れを見てみると、驚いたことに、そこに書かれてあった4つの願望は、すべて叶っていたそうです。

実は、ある場所というのは、家代々の家宝《かほう》とされていた仏像の中で、そこに結界《けっかい》（バリア）が張られていたのですが、北極少年は、そうとは知らずに、なんとなく、そこに紙切れを隠しておいたのです。

結界《けっかい》（バリア）は、その場所に込められた情報（願望）を展開し、拡大し、実現に向かわせる作用があります。

ご利益《りやく》のある、霊験《れいけん》あらたかな神社仏閣《じんじゃぶっかく》というのは、例外なく結界《けっかい》（バリア）が埋めてあって、その場所で発せられた願望を展開し、拡大し、実現に向かわせるのです。

運命を変えるために必要なもの…。

それは、人生の流れをガラッと変えるほどの衝撃《しょうげき》（いっけんショックな出来事）です。

その衝撃こそが、願望を展開し、拡大し、その後の人生を好転させるのです。

確かに、北極少年には、その3年間（願望が叶うまで）に、あたかも4つの願望を実現させるために起きたとしか考えられないような、運命の神様が、あらかじめ仕組んでくれていたとしか考えられないような、〝いっけんショックな出来事〟がいろいろ起きたそうです。

すべて、結果的にみれば良かったことばかりなのですが、たとえば…北極少年が中学3年生の頃、女生徒たちの間で、男子の人気投票が行われ、モテない男子のワースト・テンに選ばれたことがあるそうです。

さすがにショックをおぼえて、太っていることが原因だと思い、何度も減量に挑戦しましたが、失敗します。

「やっぱりムリだ……」と、あきらめかけているときに、追い打ちをかけるように、今度は学校の検尿検査で引っかかり、1週間の入院を強《し》いられます。

その入院先の病室で偶然にも将棋のプロ棋士《きし》と出会い、将棋の手ほどきを受けます。

退院後も運動を制限されていたため、その分、将棋にのめり込み、当時アマ4級の実力だった北極少年でしたが、みるみるうちに上達し、学年でベスト3（アマ初段）に入るぐらいになり、最終的には大阪府内で最強ランク（アマ四段）にまで上りつめます。

将棋が強くなったおかげで仲良くなった将棋クラブの先輩が、たまたま、英語が得意で、その先輩に勧められた通りの勉強法を実践するうちに、英語に対する苦手意識が吹き飛び、気がつくと、得意科目になっていたそうです（その後、全国模試トップになります）。

そんなある日のこと、書店で一冊の本が目に飛び込んできます。『○○健康法』という本でした。なんだか知らないけどやってみよう、という気になり、『○○健康法』を実践してから数ヶ月後、体重は5キロ減っていました。検尿検査もクリアし、運動もできるようになります。

そんなとき、ジャンケンで負けたせいで、大嫌いなマラソンを走らされるはめに。数ヶ月間の辛い練習のあと、マラソンを完走したら、体重がまた5キロ減っていたそうです。それからというもの、すっかり勢いづいて、体重はみるみるうちに減っていき、いつの間にか、理想体重の65キロに達していました。

もともと走るのが苦手だった北極少年ですが、一生懸命マラソンに挑戦するうちに、学年一の美女からも、「頑張って！」と声がかかるようになり、いつしか、デートができるぐらいの仲になっていたそうです。

このようにして、北極少年が発した四つの願望は、（忘れた頃に）ぜんぶ叶っていたそうです。

- 学年一の美女とデートする（叶った）
- 英語が得意になる（叶った）
- 体重を65キロに減量する（叶った）
- 将棋が学校で一番強くなる（叶った）

その途中（プロセス）で、いっけんショックな出来事もいろいろありましたが、気がつくと、その出来事のおかげで、願望がぜんぶ叶っていたそうです。

衝撃（いっけんショックな出来事）を決して恐れてはいけません。それは未来の自分（本当の自分）からのメッセージであり、恵《めぐ》みなのです。

あなたの夢が大きければ大きいほど、願望が実現困難《じつげんこんなん》であればあるほど、その分、衝撃も強いでしょう。

でも、大丈夫です。必ず、乗り越えられますから。

未来のあなたから眺めると、今のあなたが乗り越えられない〝試練《しれん》〟はありませんし、人生にとって意味のない〝壁〟など、存在しないのです。

ドラゴンワーク 2

1．過去に、後悔していることを書き出してみましょう。

2．どうして、それを後悔しているのでしょうか？
わざわざ「後悔することを選んでいる理由」を考えてみましょう。

3．後悔する以外の選択肢はありませんか？
今後は、どのように受け止めて、
日々を過ごしていけばいいでしょうか？

ドラゴンワーク 3

1．過去、ショックだった出来事を書き出してみましょう。

2．「そのおかげで、私は最高に幸せな未来へ向かっている」と声に出して言ってみましょう。

3．過去のショックな出来事のおかげで、どう最高に幸せな未来へ向かっているのか、そのつながりや理由を考えて、書いてみましょう。

10　未来の自分に〝なりきって〟生きる

ドラゴンノートに願望を書けば、あとは何もしなくても、勝手に願いは叶《かな》うのか？
もちろん、そんなことはありません。ドラゴンノートに願望を書いたならば、それに見合った〝生き方〟をしなければなりません。

生き方……？

ピンと来ない方もいらっしゃるでしょうが、ふだん、どんな〝生き方〟をするかによって、願望の叶い方は変わってくるのです。いや、願望が叶うかどうかは、最終的には〝生き方〟で決まる、と言っても過言ではありません。

たとえば、ドラゴンノートに、「3年以内に、本を出版…」と書いたとします。しかし、まったく文章を書かなかったとしたら、どうでしょう？　文章は書かないし、努力もしない…。本を出版なんて、できるワケがありませんよね。

本を出版したいなら、ブログを毎日書くとか、メールマガジンを定期的に発行するとか、自分で書いた原稿を、未完成でもいいから、毎日、持ち歩くことです。

そうやって、ふだんから願望成就《がんぼうじょうじゅ》しやすい環境を設定し、それにふさわしい〝生き方〟の要素を習慣化しておくと、ドラゴンノートに書いたことが実現しやすくなります。

実際に本を出版したことがある方と知り合えたり、〝もっとこうしたほうがいいよ〟とアドバイスがもらえたり、出版社を紹介してもらえたりするのです。

さらに言いましょう。

ある女性が、「1年以内に、結婚しました（←完了形）」と書いたとします。

その女性は、

・保育園で働いている
・恋人もいない
・毎日、朝起きて保育園で子どもの世話をして、家に帰って寝るだけ

そんな毎日だとしましょう。

彼女が男性と出会うチャンスは？

ほとんどありませんよね。

果たして、1年以内に結婚できるでしょうか？

可能性は、かなり低い、と言えます。願望成就しやすい環境設定が欠けているからです。

「結婚」を宣言した女性なら、

・出会いのある場所（習い事、サークル…）に行く
・お見合いをしてみる

・花嫁修業をする（料理教室に通うなど）
・服装、化粧、ヘアスタイルを変えてみる
・思いきって職場を変える

など、そういった「結婚する」にふさわしい〝生き方〟が望ましいといえるでしょう（占い師の立場からは）。

「こうなれば良いな……」「ああなれば良いな……」と、どれほど素晴らしい未来像や、願望をイメージしても、その実現に向けて行動（環境設定）していかなければ、その願望は〝ウソ〟ということになってしまいます。少なくとも、潜在意識の世界では〝ウソ〟とみなされてしまいます。

たとえば…、
今から5分前に、あなたはお昼ごはんを食べ終わりました。5分前のことですから、当然、記憶に残っているでしょう。それを疑うことはありません。「ごはん食べたの？」と聞かれても、食べたかどうか、不安になることはありません。

5分前に食事したことは、すでに過去の事実ですが、その記憶は〝当たり前〟で疑いようがありません。

その記憶を疑うことは、つきつめれば、「本当に自分は、今、ここに存在しているのか？」ということを疑うのと同じことです（もちろん、すべての記憶は〝幻想〟だ、いや、目の前の現実すらも〝幻想〟だとする考え方もあります。その説明は、また別の機会に…）。

「5分前の出来事は、〝夢〟かもしれない。本当はなかったんじゃないのか？」

「本当に、今、ここに自分は存在しているのか？」

「すべて、夢なんじゃないか？」

…それは、疑っても仕方のないことです。

それと同じように、未来のことをあれこれ疑ったり心配しても、仕方ありません。

幸福な時間感覚で生きている人は〝当たり前〟の過去の事実を、いちいち疑っても仕方がないのと同じぐらいに、未来のこともいちいち疑ったりしません。

すでに未来には、

〝願望を叶えた自分〟が存在します。

〝幸せな自分〟が存在します。

〝悟《さと》った自分〟が存在します。

未来の自分（本当の自分）は、必ず、存在しているのです。

未来の自分（本当の自分）からすれば、幸せになることが〝当たり前〟なのです。

人生は、未来の自分（本当の自分）にとって〝当たり前〟のことしか起こらないのです。

未来の自分（本当の自分）になりきって考えましょう。

幸福な時間感覚から見れば、

「本当に、願いは叶うんだろうか…」

「本当に、できるんだろうか…」

と、未来のことをあれこれ考えて不安になるのは、ナンセンスです。

「起こって〝当たり前〟」
これが〝幸福な時間感覚〟です。

ドラゴンノートに、願望を書くことは、自分の未来に対して、〝宣言〟することです。「わたしは、このように生きる（生きている）」という宣言です。そう〝宣言〟したら、「それが起こって〝当たり前〟」の自分として生きてください。不安になったり、悩んだりする必要はありません。

だからと言って、「カワイイ彼女ができた」つもりで、「チョー、カワイイ（カッコイイ）恋人ができた！」と友達に言いふらすのは、ちょっと違います。「億万長者になった」つもりで、明日から豪遊《ごうゆう》するのも違います。ちなみに「億万長者になれば、ぜいたくな暮らしができる」というのは〝幻想《げんそう》〟です。多くの億万長者の生活は、実はジミです（もちろん、例外もありますが…）。
「カワイイ（カッコイイ）恋人ができた自分」なら、どう生きるか？

「億万長者になった自分」なら、どう生きるか？

「偏差値70になった自分」なら、どう生きるか？

願望を叶えた自分ならば、日々、何を考えて、どのように生きるのか？


それを、できる限り、具体的に、イメージしてみてください。

お金持ちになりたいなら、できれば、お金持ちと直接お知り合いになるのがベストですが、いきなり億万長者じゃなくても、自分よりも裕福《ゆうふく》な友達や、近所のお金持ちなど、身近なところからスタートして、どんどん他のお金持ちを紹介してもらって、お金持ちのリアルな情報をつかむようにするべきです。


受験勉強で偏差値70になりたいなら、偏差値70の友達を作るべきですが、身近にいなければ、自分よりも成績のいい友達からスタートして、自分よりもかしこい友達の輪にできるかぎり加わるようにし、優秀な受験生のリアルな情報をつかむようにするべきです。

ただし、人間には見栄《みえ》やプライドや思い込み（盲点《もうてん》）があります。表面的なつきあいや、外見だけで判断すると、間違った情報を受け取ることになりますから、注意が必要です

（詳細は柏村真至ら著、『E判定からの大逆転勉強法』『E判定からの限界突破勉強法』（共にKADOKAWA）を参照）。

そして、情報を受け取ったら、あたかもそれが実現したかのように生きてみてください。

〝あたかもそれが実現したかのように…〟というのがポイントで、それが〝幸福な時間感覚〟で生きるということです。

もしも、あなたの願望が〝未来の自分〟にそぐわない（合わない）場合、その願望を修正するようにと（未来からｏｒ潜在《せんざい》意識《いしき》から）催促されるはずです。

また、あなたの生きざまが〝未来の自分〟にそぐわない（合わない）場合も、生きざまを修正するようにと（未来からｏｒ潜在意識から）催促されるはずです。

催促とは何か……？

一言で言うと、環境が変わるのです。チャンスに恵まれる場合もありますし、ピンチに追い込まれる場合もあります。

・友達が変わる
・恋人が変わる
・職場が変わる
・上司が変わる
・先生が変わる
・引っ越しする

ドラゴンノートを始めてから、環境の変化が訪れたら、またはその兆《きざ》しを感じたら、心を雄々《おお》しくもって、それを（原則的には）〝受け入れる〟ことです。

ドラゴンノートは、未来の自分（本当の自分）が、進むべき未来へと導いてくれます。ときには、外科的手術のごとく、ちょっと強引に〝環境変化〟というかたちで、あなたの人生を〝改良改革〟する方向に導かれる場合もあります。

また、ドラゴンノート上級者ともなれば、日々、身近に起こる小さな出来事も、すべて、未来の自分（本当の自分）からのメッセージとして受け取ることができるようになります。

偶然、目にした本の中の一行（言葉）。
友達の言葉。
新聞、ニュース。
フッと目にした言葉。
フッとしたひらめき。

すべて、未来からのメッセージなのです。

ドラゴンワーク 4

1．叶えたい願望をドラゴンノートに
書いてみましょう。

［例］
「20 ○○年○月に、結婚しました（←完了形で）」

ドラゴンワーク 4

2.「1」が成就するために、
　ふさわしいと思う自分の生き方を書いてみましょう。

[例]

服装、化粧、ヘアスタイルを変える。

思いきって職場を変える。

出会いのある場所 (習い事、サークル…) に行く。

お見合いをしてみる。

ドラゴンワーク 4

3．あなたのまわりで起こる出来事で、
未来の自分（本当の自分）からの
メッセージだと感じるものを書いてみましょう。

11　幸福な時間感覚の法則

ラマナ・マハリシという聖者《せいじゃ》がいました。「20世紀最大の聖者」または〝沈黙《ちんもく》の聖者〟と呼ばれていました。ほとんど会話をせずに、沈黙の中でひたすら存在の力を放射《ほうしゃ》することで、それに同調する者たちに心の静けさを味わわせた、と言われています。

弟子から、「どうすれば自己実現《じこじつげん》できるのでしょうか？」と聞かれたときのことです。

ラマナ・マハリシはこう答えました。

「自己実現というのは、新しく獲得される何かではない。それはすでにそこにある。必要なことのすべては、〝わたしは実現していない〟という想いを追い払うことである」と。

「ほしい、ほしい…」
「叶《かな》えたい、叶えたい…」

そう思っているうちは、手に入りにくいのです。
「ああなりたい…、こうなりたい…」

そう思っているうちは、なれません。
それが〝幸福な時間感覚〟の法則です。
「わたしは〝それ〟がなくても、もうすでに十分、満たされている…」

そう確信した時に、それは未来からやって来ているのです。

ドラゴンワーク 5

以下に、

・あなたが、すでに成し遂げていること
・あなたが、すでに手に入れているもの
・あなたが、すでに与えられているもの
を書き出して（当たり前のことでもかまいません）、それに「ありがとうございます」と、感謝の言葉を添えてみましょう。

[記入例]
私は生きています。ありがとうございます。
私は住む家があります。ありがとうございます。
私は今日も、妻の顔を見ることができました。
ありがとうございます。

12　未来から願望成就《がんぼうじょうじゅ》のメッセージがやってくる

たとえば…、

・素晴らしい表現力を身につけた自分
・人前でも堂々と話せる自分

そういう、未来の自分を、ありありと、それを体験しているがごとく、リアルに、具体的にイメージして、ドラゴンノートに願望を書いたとしましょう。すると、日常で起きるすべての出来事が未来からのメッセージになります。

「最近、友達から受けるダメ出しの回数が増えた」とか、
「人前で話さなくてはならない機会が増えた」とか、
「トラブルに巻き込まれて、自分の表現力のなさを痛感した」とか、
「あんなふうに話せたらなあ…というお手本が見つかった」とか、
そういう兆《きざ》しのようなものを感じたら、未来からのメッセージだと考えましょう。

だからといって…、

・安易《あんい》な儲《もう》け話
・あやしげな勧誘《かんゆう》
・耳心地《みみごこち》の良い褒《ほ》め言葉
・甘美《かんび》な口説《くど》き文句

などが、すべて正しい、と言っているのではありませんよ。
未来からのメッセージを受け取るときの基本的姿勢は、

『いいことがあったら未来に感謝し、悪いことがあったら未来からの教え、と考えよ』です。


そうすると、自分にとって、たとえ最悪な出来事（過去）があったとしても、

「あの時騙《だま》されてよかった…（笑）」

「あの時裏切られてよかった…（笑）」

「あの時失敗してよかった…（笑）」

とさえ思う（過去を超越《ちょうえつ》する）ことができるのです。

正しいか正しくないか、
好きか嫌いか、
損か得か、
勝つか負けるか、

というような（誰もが自動的にしている）判断も、現実的に見れば、確かに必要な面も

ありますが、あまりに現実的（常識的）に受け取り過ぎると、未来からのメッセージ（あなたを真の成功や幸福に導く力）が覆《おお》い隠されてしまいます。

北極老人いわく、

「正しいか正しくないか、にこだわると、イエス・キリストのいう〝愛〟から遠ざかる。

好きか嫌いか、にこだわると、儒教《じゅきょう》でいう〝中庸《ちゅうよう》〟から遠ざかる。

損か得か、にこだわると、禅でいう〝あるがままの自分〟から遠ざかる。

勝つか負けるか、にこだわると、老荘《ろうそう》思想でいう〝道《タオ》〟〝無為自然《むいしぜん》〟から遠ざかる」

また…、

「多くの気づき、悟《さと》りは〝日常生活〟の中にあり、
多くのヒントが誰かの言葉の中にあるのだが、
それらを単なる〝人間〟の言葉として聞いていると、
未来からのメッセージは受け取れないよ」と。

過去から〝未来からのメッセージ〟を見出すのではありません。
常識から〝未来からのメッセージ〟を受け取るのでもありません。
未来から現在を見て、過去を超越《ちょうえつ》したところに〝未来からのメッセージ〟があります。
常識を超越したところに〝未来からのメッセージ〟があります。

〝幸福な時間感覚〟だからこそ、幸せな成功者になれるのです。

ドラゴンワーク 6

1．最近、日常でどんな良い変化が起きていますか？
　思い出しながら、未来に感謝してみましょう。

2．最近、日常で何か悪いことが起きましたか？
　それは、未来からのどんな教えなのでしょうか？

13 〃飛び込んでくる感覚〃

日常の出来事の多くは、未来からのメッセージです。

たとえば…、

恋人or友達or同級生or同僚or先輩が、あなたに対して、

「思いやりってもんがないよね」

と言ったとしましょう。

あなたは、その一言が、心に響《ひび》きます。

「そうか、自分に欠けていたのは〃思いやり〃か…。そういえば、自分の意見を言うときに、伝えようと思うあまりに焦《あせ》ってしまい、聞き手に対する配慮《はいりょ》が足りなかったかもな…」

と、そのような〃気づき〃が得られるかもしれません。

しかし、
「こいつは大したことないヤツだから、意見を聞きたくない」とか、
「どうせこの本にはロクなことが書いてないだろうから、あてにならない」とか、
そのような決めつけがあっては、未来からのメッセージは受け取ることができません。

・部下
・後輩
・兄弟姉妹
・友達

からも、思いも寄らなかったようなメッセージがもらえることがあります。未来にアンテナを張っていれば、未来からのメッセージは、パーッと〝飛び込んで〟きます。〝飛び込んでくるような感覚〟、それを大事にしてください。

北極老人が若かった頃（北極青年の頃）の話です。

北極青年は、恋人（現在の奥様）の誕生日に、洋服をプレゼントしようと考えます。最高に輝いた恋人の姿をリアルにイメージし、彼女の幸せを祈りながら、洋服をさがし歩いたそうです。

吉祥寺《きちじょうじ》、荻窪《おぎくぼ》、新宿、渋谷《しぶや》の、目ぼしい洋服屋さんをすべてまわって、さがし始めてからすでに6時間は過ぎた頃でしょうか、ある洋服屋さんに入ったときのことです。

〝それ〟は〝飛び込んで〟来たのです。

何げなく店内を眺めていると、〝トントン〟と肩を叩《たた》かれます。

「えっ、誰？」と思って後ろを振り向くと、誰もいません。そのときです。北極青年の視界に、一着のワンピースが〝飛び込んで〟来たのです。

「これだ!!」

北極青年は直感し、その洋服を、恋人にプレゼントして、たいそう喜ばれたそうですが……。

実は、その洋服は、後々、北極夫婦にとって〝幸運のワンピース〟と呼ばれていたそうです。

それを着て外出すると、必ず、ハッピーな出来事があったそうです。

ちなみに、わたしは、この話を伺《うかが》ったとき、〝トントン〟と肩を叩かれて振り向いたけど、誰もいなかった、というのはなぜですか？　と北極老人に質問しました。

すると、北極老人はこのように仰《おっしゃ》っていました。

「〝トントン〟と私の肩を叩いたのは、彼女の（神道で言うところの）奇御魂《くしみたま》。

奇御魂とは、感性を司る魂《たましい》の働き。

最高に輝いた（喜んだ）彼女の姿（＝未来像）とは奇御魂のことで、それを彼女の幸せを心から祈るような気持ちでリアルにイメージすると、ヒューンと飛んできて、〝この洋服が好き！〟と教えてくれるのだ」

とのこと。さらに…、

「奇御魂が選んだものを身につけると、１００％幸せになる。

後々それが〝幸運のワンピース〟と呼ばれるようになったのも、奇御魂が選んだものだから、実は、当たり前なんだ」

と、仰っていました。

未来からのメッセージを受け取るには、この〝飛び込んでくる感覚〟を大事にしてください。

ドラゴンワーク 7

1．近いうちに叶えたい願望を決めて、それをボールに見立て、未来に投げてみましょう。

2．「1」の結果、飛び込んできたメッセージを書き込んでみましょう。

近いうちに叶えたい願望

[記入例]
○月○日に、結婚したいと悩んでいる友人Aさんの相談に乗るので、よき相手に巡り会えるようなお手伝いをしたい。

飛び込んできたメッセージ

[記入例]
○○のイベントに一緒に行こうと誘う。

14 いつ、運命の日が訪れるのか？

世の中には、自らの願望を、いともカンタンに実現する人がいます。

好きなことをしながら、周りの人々の幸せに貢献《こうけん》し、生まれながらの〝天命《てんめい》〟（自分が生まれてきた目的）を果たしているとしか思えないような稀有《けう》な人がいます。

諸々《もろもろ》の煩悩《ぼんのう》（悩み事）を超越《ちょうえつ》して（超えて）、もはや、自分自身のことでは、いっさい悩まなくなった人がいます。

そんな人たちの共通点は、なんでしょうか？

〝幸福な時間感覚〟の中で生きていることです。

〝未来の自分〟からのメッセージを受け取っていることです。

それを受け取れる人と、受け取れない人との違いは、なんだと思いますか？　それは、生まれながらの〝天命〟を叶《かな》えられる人と、叶えられない人との違いは何か、という問いです。

それが〝本番主義《ほんばんしゅぎ》〟です。

本番主義とは何か？

まず、イメージしてみてください。

夢の中で、神様が降りてきました。そして、神様はあなたにこう言いました。

「3年後の○月○日に〝運命〟の出会いがある」と（実際には、言われていません）。

あなたは、神様から未来の予言をされたのです（あくまでも、たとえばの話ですよ）。

さあ、あなたなら、3年後に向けて、どう生きるでしょうか？

「3年後かぁ…。ということは、今日も、明日も、来月も、来年も、出会いはないんだ…」

そう思って、毎日をテキトーに過ごしたとしましょう。

心ここにあらずで、3年後の〝運命の日〟まで、いいかげんに生きたとしましょう。

さあ、どうなると思いますか？

きっと、運命の神様も未来の自分（本当の自分）も外方《そっぽ》を向いてしまうでしょう。

〝運命の出会い〟を引き寄せるためには、どのように生きればよいのでしょうか？


そのためには〝本番主義〟という生き方が大事です。


北極老人は、いつもそのように生きておられます。

「○月○日に〝運命〟の出会いが…」と神様に言われようが、言われまいが、毎日、運命の出会いを〝お迎えする〟つもりで生きているのです。

いつか、出会うであろう〝ご縁《えん》〟のある方のために。

いつ、何時《なんどき》、どんな方に出会ってもよいように…。

北極老人のご自宅は、いつ訪《たず》ねても、目を疑うほどに、キレイに掃除《そうじ》されています。

玄関には、いつ訪ねても、最高級のお香《こう》が焚《た》かれています。

そして、お部屋の隅々まで、いつもピカピカに掃《は》き清められています。

お客様と対応するための和室には、塵《ちり》一つ落ちていません。

そして、いつも体調を整えられています。

「１年後だから…」「１ヶ月後だから…」「１週間後だから…」といって、手を抜くような生き方では〝運命の出会い〟は引き寄せられません。

毎日〝運命の出会い〟をお迎えするつもりで生きること。これが、本番主義です。

ドラゴンワーク 8

あなたにとって、今日が運命の日だとしたら、
どんな心構えで、どんな１日を過ごしますか？

第3章

初級・ドラゴンノートの書き方9つの極意

15 ブレイン・エネマ（脳内浣腸《かんちょう》）

ドラゴンノートの使い方は、基本的に「自由」です。

しかし、効果的にお使いいただくために、守っていただきたいルールがいくつかあります。

まず、〝ネガティブなことは書かない〟ということです。明るくて、前向きで、積極的で、楽天的な良いことだけを書くようにしましょう。

…とは言え、心の中にネガティブな思いや感情が停留《ていりゅう》してしまった時に、どうしても文句、泣き言、不平不満、愚痴《ぐち》などを書きたくなることがあるかもしれません。そんな時は、ドラゴンノートを書く以前に、心（想念《そうねん》）のコンディションを調《ととの》える必要があります。

とっておきの方法を紹介しましょう。

〝ブレイン・エネマ《脳内浣腸》〟です。

トイレットペーパーを使って想念を浄化《じょうか》する方法です。「脳内浣腸？」とビックリされるかもしれませんが、痛いものではありません。

便秘は万病《まんびょう》のもとといわれるように、腸内に溜《た》め込んだ食べ物は腐敗《ふはい》し、毒素《どくそ》となり、腸内環境を悪化させ、体中にさまざまな悪影響を与えます。実は、これは、脳内も同じなのです。

感情の鬱積《うっせき》や思考の汚れ（悩み、葛藤《かっとう》、恨《うら》み、嫉妬《しっと》、後悔《こうかい》、怒り、不満、不安…）が溜まっていくと、あらゆる不幸と不運の原因となります。溜め込んだ感情や思考は腐敗し、毒素となり、腸内環境ならぬ〝心内《しんない》環境〟を悪化させ、心を重く、冷たく、暗くし、人生に悪影響をおよぼします。お通《つう》じを良くして便秘を解消するのと同じように、溜め込んだ感情と思考を体外（＝心の外）に排出すること。これが〝ブレイン・エネマ《脳内浣腸》〟です。

では、まず、トイレットペーパーとマジックペンを用意し、頭の中に思い浮かんだことを、ひたすら書き出してください。

誰かに対する不満。将来への不安。気にしていること。悔《くや》しい思い。誰にも言えない秘密…。いろいろ出てくると思います。あれこれ浮かんできても、いちいち考え込んだり、判断しないでください。頭の中と心の中に溜め込まれたゴミを、外に一気に排出することが目的ですから、浮かんできたまんま、頭の中にあるものをすべて出し切るように書くのがコツです。もちろん、ネガティブな思いでなくても、かまいません。できるだけ静かなところで、一人でおこなってください。

最初のうちは気が済むまで、心が落ち着くまで、やってくださって結構です。一度すべて出し切ってしまったら、あとは1週間に1回、1ヶ月に1回と、定期的におこなうようにしてください。

思考と感情のゴミは、いつの間にか溜《た》まっているものですから、放っておくと腐敗して、どんどん大きくなり、いずれ、自分ではどうしようもできなくなって爆発してしまいます。そうならないためにも、定期的な〝ブレイン・エネマ《脳内浣腸》〟をオススメします。

気が済むまで、トイレットペーパーに書き出したら、最後に、

・「わたしの想念は浄化されました（←完了形）」と（心の中で）祈ってください。
・「わたしは真我《しんが》（本当の自分）です。ネガティブな思いや感情はありません」と宣言（イメージ）してください。
・「わたしのネガティブな想念は、すべて吹き送り（異次元の彼方《かなた》に飛ばし、消し去ること）されました」と宣言（イメージ）しながら、書き出したトイレットペーパーを下水道に流してください。

これで、浄化完了です。

万が一、ドラゴンノートに、ネガティブなこと（文句、泣き言、不平不満、愚痴）を書いてしまった場合は、そのページをハサミで丁寧《ていねい》に切り取って、燃やす（安全な方法で！）のが一番よいのですが、安全に燃やせる場所がない場合は、次のようにして処分してください。

ネガティブなこと（文句《もんく》、泣き言、不平不満、愚痴）を書いたページを丁寧に切り取ってください。そして、ブレイン・エネマと同じように、

・「わたしの想念は浄化されました（↑完了形）」と（心の中で）祈ってください。
・「わたしは真我（本当の自分）です。ネガティブな思いや感情はありません」と宣言（イメージ）してください。
・「わたしのネガティブな想念は、すべて吹き送り（異次元の彼方に飛ばし、消し去ること）されました」

と宣言（イメージ）しながら、切り取ったページを手に持ち、流しっぱなしにした水道水に約1分間当ててください。あとは、ゴミ箱に捨てるだけで、浄化完了です。

ドラゴンノートの場合、くれぐれも、切り取ったページをそのままトイレに流さないでください。下水管が詰まる原因になりますから。

また、ネガティブなこと（文句、泣き言、不平不満、愚痴）を書いたページを、ビリッと破いて、そのまま、ポイッとゴミ箱に捨てたりするのもやめてください。

ネガティブな思いや感情は、いったん〝リセット〟して〝浄化〟しないと、ノートや紙に書かれた状態でも、ずっと残りますから。

ネガティブな〝思い〟や〝感情〟は、できる限り、溜め込まないようにしましょう。ネガティブな〝思い〟や〝感情〟が入ったものがずっと残っていると、不幸な現象を引き寄せてしまいますので、ご注意ください。

ドラゴンノートには、明るくて、前向きで、発展的で、積極的な内容を書くようにしてください。「良いこと」「嬉《うれ》しいこと」「ハッピーなこと」であれば、

・ひらめいたこと
・アイデア
・願望（実現する可能性がある目標。たとえ0・1％でも実現する可能性があれば、書いてもオッケー）
・夢（実現する可能性はほとんどないが、叶えられたら死ぬほど嬉しいこと）

何でもかまいません。

ドラゴンワーク 9

1. 夢(実現する可能性はないかもしれないが、
叶えられたら死ぬほど嬉しいこと)を文章で書いてみましょう。

ドラゴンワーク 9

2．夢（実現する可能性はないかもしれないが、
叶えられたら死ぬほど嬉しいこと）のイメージを絵か図で描いてみましょう。

16 〃なりきって〃書く

〃幸福な時間感覚〃は「過去←現在←未来」に向かって流れています。

ドラゴンノートにあなたの願望を書くということは、〃未来の自分〃（本当の自分）になりきってみて、日記（未来日記）を書くようなものです。

この〃なりきって〃というところがミソ（重要ポイント）です。

たとえば、「お金持ちになりたい…」としましょう。あなたは、（未来において）お金持ちになったつもりで、「年収3000万円」と書きます。

なったつもりで、とは、その年収3000万円をどうやって儲《もう》けたのかとか、どんな暮らしをしているのか、税金をいくらぐらい払《はら》わなければならないのか、どんなことにお金を使うつもりなのかなどを、〝そこ（未来）に居《い》るかのごとく〟感じ尽くすということなのです。

ただし、年収3000万円でも不幸な人は、たくさんいます。お金持ちなのに不幸な人は、いっぱいいるので、誤って、そういうお金持ちのイメージを〝ゴール〟に設定してしまわぬよう、注意が必要です。

要《よう》は、順序を間違えないことです。

お金持ちになったから幸福になれた、という順序ではなく、幸福になったから成功できたという順序をふむことです。

さて、未来の自分（本当の自分）になりきって書く〝未来日記〟からの返事は、いずれ、あなたの前にさまざまな〝現象〟となって現れます。

たとえば、受験生が「東大合格」という願望を書いたとしましょう。そうすると、親や先生や友達から、「もっと勉強しろよ！」と注意されたり、周囲の態度が急に厳しくなったり、友達から「いい塾があるよ」と紹介されたりするかもしれません。

そういった変化を感じたら、「未来からの返事」と受け止めて、心の中で「ありがとうございます。さらに具体的に教えてください」とつぶやきましょう。きっと、さらなる変化が起こるはずです。

まずは、ご自分の〝幸せな未来〟をイメージしてください。

1年後、3年後、5年後…、

願望を自由に書いてみてください。

仕事は？

家族は？

住んでいる家は？

友達は？

生き方は？

ライフスタイルは？

端的《たんてき》に（ハッキリ）、具体的に、考えてみてください。

それを〝素直に〟ドラゴンノートに書いていきましょう。

ドラゴンワーク 10

1．自分の“幸せな未来の働き方”をイメージしてみましょう。

①どんな仕事をしていますか？

1 年後：
3 年後：
5 年後：

②どんな人たちと一緒に働いていますか？

1 年後：
3 年後：
5 年後：

③どんな1日をおくっていますか？

1 年後：
3 年後：
5 年後：

④どんな1週間をおくっていますか？

1 年後：
3 年後：
5 年後：

2．自分の“幸せな未来のライフスタイル”をイメージしてみましょう。

①どんな生活をしていますか？

1 年後：
3 年後：
5 年後：

②どんな家族 (仲間) と一緒にいますか？

1 年後：
3 年後：
5 年後：

③どんな家に住んでいますか？

1 年後：
3 年後：
5 年後：

④どんな１ケ月をおくっていますか？

1 年後：
3 年後：
5 年後：

17 願望は、はっきりと具体的に！

ある日のこと。「起業（独立）したい」という方が鑑定に来られました。

Bさん、男性、28歳。

わたしはBさんに質問しました。

「年収は、いくらぐらい、ほしいんですか？」と。

すると、Bさんはこう答えました。

「今年の目標は年収3000万円です」と。

さらに、わたしは質問しました。

「では、その3000万円で、何をしたいのですか？」と。

すると、Bさんは、答えに詰まってしまいました。

「う〜ん…」

沈黙《ちんもく》のあと、Bさんはこう答えました。

「特に根拠はないんですけどね…」と。

すかさず、わたしはこう言いました。

「今のままでは、その願望は叶いませんよ」と。


わたしがそのように言ったのには、理由があります。まず、第一に、Bさん自身が「それが自分にとって絶対に必要だ」と、心底《しんそこ》、思っていないからです。第二に、イメージが乏《とぼ》しい。願望というものは、〝具体的〟に〝リアル〟にイメージできるものしか叶《かな》いません。

第一の理由、第二の理由に共通するのは、願望に具体性がないもの、突き詰められていないもの、ハッキリしないものは実現しにくい、ということです。
ドラゴンノートには、願望のイメージを、できる限り詳細に書くようにしてください。
たとえば、お金持ちになりたいのなら、
具体的に、年間でどれぐらい欲しいのか？

どんな手段で、お金を稼《かせ》ぎたいのか？
そのお金を、どういう用途《ようと》で使いたいのか？

・市民税
・所得税
・健康保険代
・各種保険代
・食費（外食代）
・家賃（マイホームを買った場合のローンと税金）
・教育費（子どもがいる場合）
・光熱費
・娯楽費（旅行、スポーツ、趣味）
・勉強代（本代、セミナー代）
・車代（マイカーの場合：ローンと保険代、駐車場代、ガソリン代、車検積み立て）
・貯金

・寄付金（ボランティア、神社仏閣参拝、その他）
・その他

それぞれに、いったい、いくら必要なのか？　そうやって、事細《ことこま》かくイメージし尽くした結果、あなたの幸せな未来にとって〝本当に必要な収入〟が浮かび上がってくるはずです。

それこそが、あなたが〝本心〟から求めている収入です。

願望は、〝端的《たんてき》に（ハッキリ）、具体的〟にイメージできてこそ、実現に向かいます。

いや、その願望が、あなたにとって絶対に必要で、どうしても叶えたいのなら、「これが欲しい！」と端的に（ハッキリ）言うでしょうし、「…っぽいもの」とか、「…みたいな感じ」とか、ぼやけた表現ではなく、〝具体的〟に〝リアル〟にイメージできるはずです。

「理想の年収は？」と聞かれて、
「う〜ん、３０００万円ぐらいかなぁ……」
「１億円ほどかなぁ……」

と、ただ、なんとなくという数字しか答えられない方は、たいていの場合、〝本心〟から求めている年収ではありません（もちろん、それを何十年もかけて80歳までに達成したい〝夢〟なら、大《おお》いに結構です。もっと早く叶えたい〝願望成就《がんぼうじょうじゅ》〟とは区別してください）。

あなたの〝本心〟は、「そんなに必要ない」と思っているのかもしれません。

いいですか？

〝本心〟ですよ。

ウソの自分、世間体《せけんてい》で作り上げられた自分、ではない、本当の自分の〝本心〟ですからね。

世間（他人の目、社会の価値観）から植えつけられた〝思い込み〟や、それによって作り上げられた〝ウソの自分〟ではありませんよ。

〝ウソの自分〟では、真の願望成就とはならず、仮に、願望が実現できたとしても、「本当にこれでよかったのかな……？」という迷いが生じます。

迷い——

それは、「わたしはそれを望んでいない」という潜在意識からの〝イエローカード〟（黄色信号）です。それを無視して突き進めば、いつしかすべてを失ってしまいますよ、という警告なのです。

ドラゴンワーク 11

1．具体的に、年間でどれぐらいの収入が欲しいですか？

2．どんな手段で、お金を稼ぎますか？

3．そのお金を、どういう用途で使いますか？

4．本心から求めている収入はどれぐらいですか？

18 なぜ、具体化すると願いが実現するか？

たとえば、「マイホームが欲しい」と思ったとしましょう。どんなマイホームを建てたいと思いますか？　家のイメージを、実際に「絵」に描いてみるのもよいでしょう。

敷地の広さは？
建物の広さは？
何階建てか？
間取りは？
玄関は？
トイレは？

お風呂は？

廊下《ろうか》は？

リビングは？

寝室は？

場所の風景は？

どの部屋に何があるのか？

窓から見える景色は？

そして、いつ、建てるのかも決めてしまいましょう。


マイホームを5年後に購入すると決めたとすると、いくらのお金が必要になりますか？

仮に、3500万円の家を買うとします。頭金が、500万円で、借入金が3000万円だとすると、30年ローン（金利2％）で、月々の返済を均等に分割すると、毎月、約11万円で、それにプラス、固定資産税が年間で10万〜15万円かかりますから、結局のところ、毎月12万〜13万円は必要です。

それ以外に、最初の諸経費（仲介手数料、着手金など）が350万円ぐらい必要だとすると、５年後の時点で、自己資金が９５０万円以上あれば理想的です。

もちろん、自己資金ゼロで、最初の諸経費も、できる限りローンに組み込むというやり方もあります。その場合は、毎月16万円ぐらい必要で、最初に必要な現金は１００万円（新しい家具代、引っ越し費用など）ぐらいでしょう。もちろん、３５００万円を現金で一括払いする、という道もあります。

さて、そこまで考えられたら、自分にとっての理想の収入（絶対に必要な収入）が、わかってきますよね？

そのようにして、イメージを〝具体化〟させていきます。

恋人が欲しい場合も同じ。


髪形は…？

鼻は…？

目は…？

口は…？

顔は…？

理想のマイホームを書いた一例　文字

・玄関、階段

帰るのが楽しみになる、明るいインテリアのリビング

開放感のある吹き抜けの階段には、丸いオシャレな窓がある

・リビング

家族団らんできる、座り心地のいいファブリックソファ

日差しが気持ちいい、大きな窓のあるリビング

縁側での日向ぼっこする時間が最高に幸せ

・キッチン

キッチン、リビング、ダイニングは隔りがなくて、みんな仲良し

・ダイニング

大きめのダイニングテーブルで、家族で楽しい食事の時間

・庭

季節ごとに、家庭菜園で穫れた野菜と果物が食べられる

裏庭にはたくさんの木々や草花があって、窓からの眺めがすごくキレイ

・収納

2階には大きめの収納部屋があって、整理整頓上手に

・和室

ごろんと昼寝ができる、い草の香りが心地いい和室がある

・お風呂、トイレ

トイレは、最先端のウォッシュレット付きで、清潔感がある

お風呂は広々していて、1日の終わりに癒される

理想のマイホームを描いた一例　絵、図

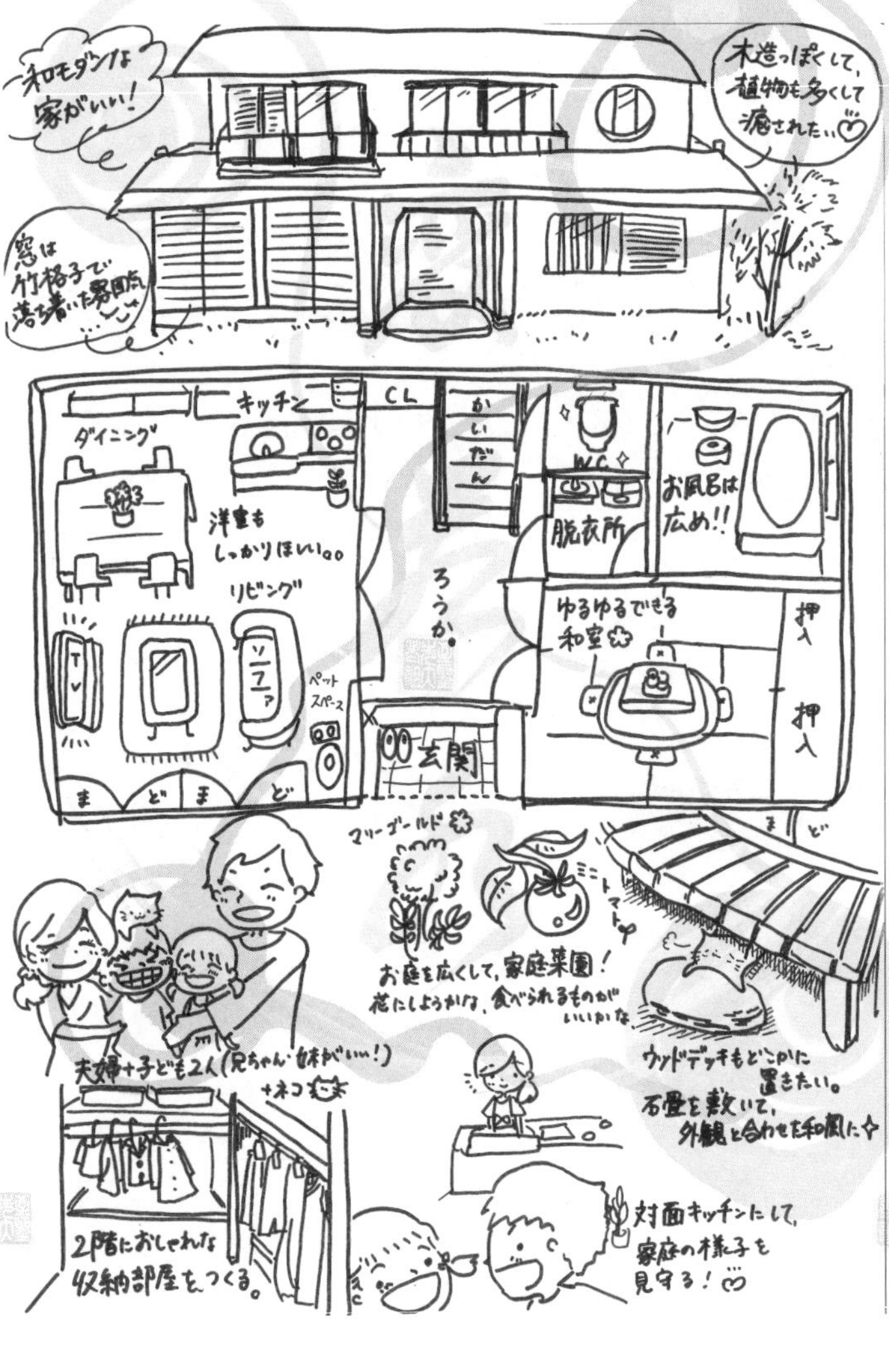

性格は…？
長所は…？
短所は…？
特技は…？
身長は…？
体型は…？
どんなデートがしたいか？
どんな会話がしたいか？
ケンカになったらどうするか？
食事（外食）に行くとしたら、どういうお店か？
どんなメニューを注文して、何を食べるか？

その場にいるつもりで（なったつもりで）想像した場面を、何十シーンも、何百シーンも思い浮かべながら、書（描）いてください。
上達してくると、そのページを開いてパッと見るだけで、あたかも（未来の）恋人がそこに居るかのような〝空気〟が再現されるようになります。

実際に、未来の恋人がつけている（であろう）香水《こうすい》の、ほのかな香りが、どこからともなく漂《ただよ》ってきたという実例は多々あります（もちろん、周囲には香りのもとらしきものは何もありませんでした）。


現在只今《げんざいただいま》が、未来とリンクし（繋《つな》がり）だすと（要は、幸福な時間感覚になると…）、そういう現象は、当たり前のように起き始めます。

そうなりますと、今日（その瞬間）より出会う人々が運んできてくれる情報、目に入ってくる情報、耳に入ってくる情報、心に浮かんでくるアイデアが、すべて、未来からのメッセージを含んでいることになります。

「イメージする」とは、未来（本当の世界、真実の世界、無限の可能性）に向けて、潜在《せんざい》意識《いしき》・無意識の〝アンテナ〟を立てるということです。

理想の恋人像を書いた一例　文字

私の恋人は職場の同僚で3つ年上。私と同じ医療業界で
長く働いていて、分からないことは教えてくれるし、
悩みも聞いてくれ、的確なアドバイスをくれるのでとても頼りに
している。彼の家は私の家から車で10分程なので
すぐに会いに行けてさみしくない。休日はできるだけ
2人で遠出をしたり、買い物に行ったりして、思い出を
作っている。いつも、出掛けるときの主な目的は
美味しいごはん。美味しいものに目がないわたしたちは、
常に情報を集め、2人で一緒に足を運ぶ。それが最高に
幸せを感じる時間となっている。先日は美味しいパスタを
食べに行って感動したので、家に帰ってから2人でそのパスタを
実際に作ってみることにした。ああでもない、こうでもないと言いな
がら作ったパスタは、再現度はイマイチだったけど、格別の味が
した。そんなふうに、時間を共有できる相手に出会えたことは
本当に幸せだ。でも、彼に惹かれた、一番の理由は、
彼の仕事に対する姿勢だ。ごまかす事なく、真摯に
目の前の仕事に向き合う彼を見ていると、私までやる気に
なって、元気になってくる。この人が仕事を頑張れるように
支えたい、応援したい、と自然と思える。「誰かのために」なんて
思えなかった人生だったけど、今は「誰かのために生きたい」
という人生に変わっている。

理想の恋人像を描いた一例　絵、図

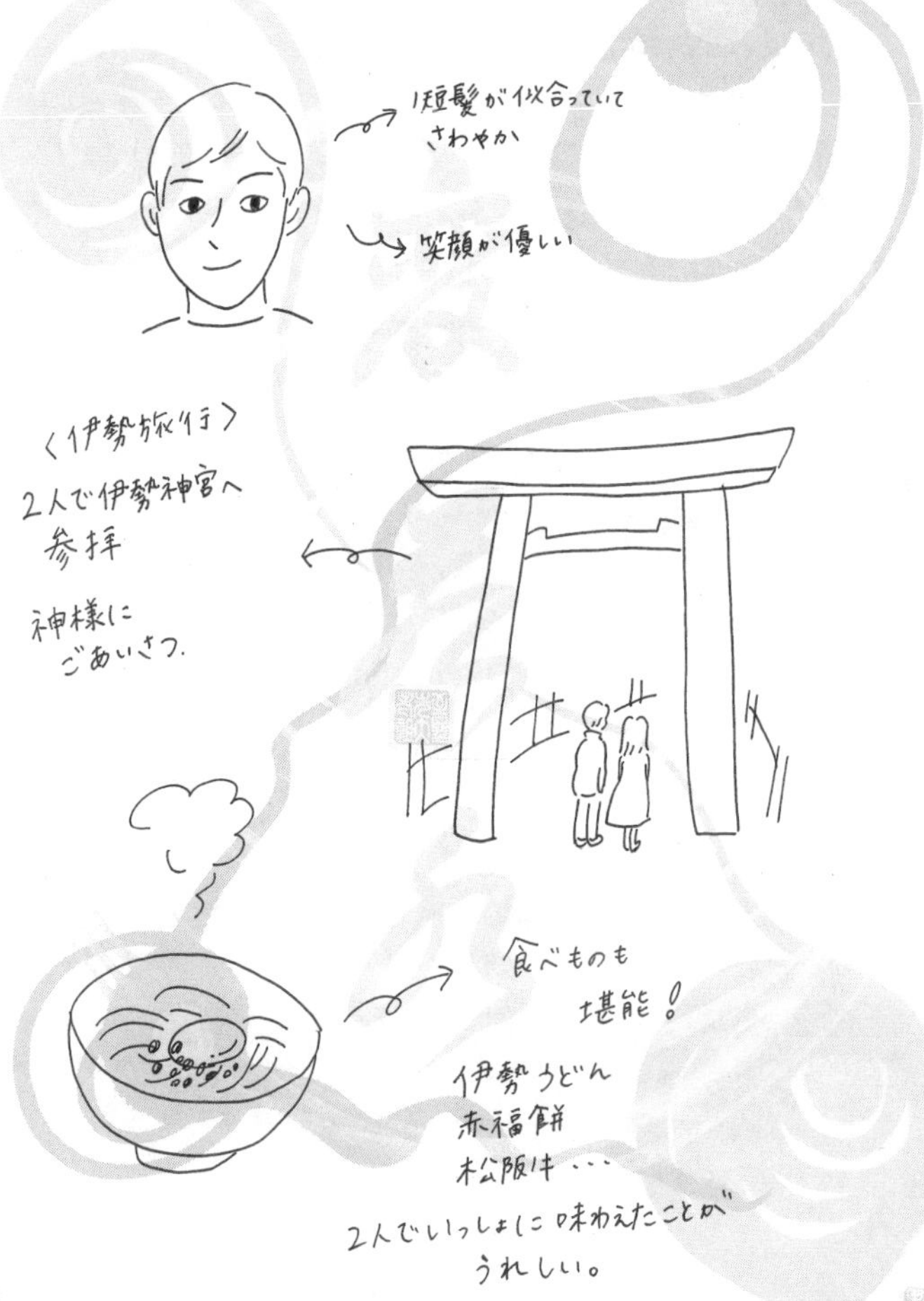

ドラゴンワーク 12

1．あなたが望む未来を具体的に書いてみましょう。

ドラゴンワーク 12

2．あなたが望む未来のイメージを絵で描いてみましょう。

19 ゴールからの発想

ドラゴンノートに〝願望〟を書くときは、期限も決めてください。

「○年○月○日まで」というように、期限を決めることで、その願望は、より具体性を増します。つまり、実現力を増すということです。

「2020年9月6日、わたしは今勤めているデザイン会社から独立して、自分のデザイン事務所を立ち上げました（←完了形）」

「2022年12月、わたしはご縁のある素晴らしい男性（女性）と結婚して、とても幸せになりました（←完了形）」

このように、時間を含《ふく》めた〝願望〟を書いてください。そして、その〝願望〟を達成するために、今の自分は何ができるかを書き出してみましょう。


今年は何をすべきか？

今月は何をすべきか？

今日は何をすべきか？

10年後の目標を達成するために、今年、今月、今日、何ができるのか？


このときに大切なのは、〝ゴールから発想する〟ということです。ここで言う〝ゴール〟とは、もちろんあなたの〝願望〟のこと。その願望から逆算して、今の自分がやるべきことを決めていくのです。


たとえば……

「○年○月（約1年後）にレストランを開店しました（↑完了形）」

と願ったとします。

そうすると、オープンの3ヶ月前には、すでにお店の工事に取りかかっている必要がありますね。さらにその前には、工務店、大工、設計士、デザイナーを見つける必要があります。そして、もっと前の段階で、お店を建てるのに理想的な土地を見つけておかなければなりません。当然、一人でお店を切り盛りするのは大変ですから、良いパートナー（協力者）を、見つけておく必要もあるでしょう。

あなたがイメージした未来を実現するために、その過程（プロセス）で必要となることは、たくさん出てくるはずです。ゴール（願望）から逆算すれば、それらは〝いつ〟必要になるのか、ということも見えてくるはずです。

そうやって〝今できること〟をドラゴンノートに書いていき、一つ一つを実行していけばよいのです。

さらに、もう一つ、注意点があります。

「わたしは社長になりたい…」

「わたしは結婚できる…」

このような書き方はしないでください。

それは、なぜか？

ドラゴンワーク 13

1．10年後の目標を達成するために、5年後、3年後、1年後、今月、何ができるかを考え、それぞれの目標を書いてみましょう。

①10年後の目標

②5年後の目標

③3年後の目標

④1年後の目標

⑤今月の目標

ドラゴンワーク 13

2．10年後の目標を達成するために、今日からできることを、思いつく限り書いてみましょう。

ドラゴンノートは、「過去→現在→未来」という時間の流れを作るノートです。未来の自分（本当の自分）になり代わって（なったつもりで）書く〝未来の日記帳〟のようなものです。

社長になりたい…、夢を実現したい…と思っている今のあなたからすれば、自分の願望を書くときに、「わたしは社長になりたい」という表現になってしまうのは、無理もないことでしょうが、ドラゴンノートが〝未来の自分が書いている日記帳〟だとすると、どうでしょうか？　表現は変りません？

「わたしは社長になりたい…」という表現では、未来の自分が「社長になりたい（と思っている）」という日記を書いていることになり、未来の時点でも、まだ、社長になっていないことを宣言していることになります。

「社長になっていない未来の自分」「結婚していない未来の自分」を引き寄せても仕方ありませんよね。

ですから、願望は、必ず〝完了形〟で書くようにしてください。

具体的には、このように書いてください。

「わたしは社長になりました」

「わたしは結婚しました」

こうすれば、「願いを叶《かな》えた未来の自分」を引き寄せることができます。

さらに〝期限〟をつけます。

「2021年9月、わたしは社長になりました」

「2022年12月、わたしは素晴らしい男性と結婚してとても幸せになりました」

という具合に、すべての願望は〝完了形〟で書いて、さらに〝期限〟をつけて、その期限までに、いったい、自分に何が（行動）できるのかを考えましょう。

ドラゴンワーク 14

願望を“完了形”で書いて“期限”をつけましょう。

[記入例]

2025 年 12 月、

私は素晴らしい男性と結婚してとても幸せになりました。

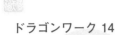

20　〝書いて、忘れる〟のが願望成就《がんぼうじょうじゅ》の極意《ごくい》

願いを叶《かな》えるために、最も大事なポイントがあります。

それは、「書いて、忘れる」ことです。

「書いて、忘れる!?　そんなの、ムリに決まってるよ！」と思われるかもしれません。

しかし、ドラゴンノートに書いた願望は、この「書いて、忘れる」ことができるほど、叶いやすいのです。どういうことかというと、「書いた願望に、執着《しゅうちゃく》しない」ということです。

こんな話がありました。

Cさん（男性）は、友人の紹介で北極老人のもとへ恋愛相談にいらっしゃいました。

そこで北極老人の指示に従い、結界《けっかい》が張られた一枚の紙（ドラゴンノートの原型みたいなもの）に理想の恋人像を書きました。

・名前
・性格
・表情
・身長
・趣味
・服装

などなど、事細かにイメージし、「こんな彼女ができたらいいなぁ…」と思うがままに書き出しました。

そして、北極老人から、

「その紙は（願望が成就する日まで）決して開かないこと。そして、気にしないこと。大丈夫、うまくいくから」

と言われ、彼は、北極老人の指示通り、その紙を自宅の机の奥深くにしまい、大切に保管しました。

それから1年半後。

Cさんはめでたく結婚することになりました。新居への引っ越しが決まり、荷造《にづく》りをしていたとき、1枚の紙が出てきます。

そう…、

それは、27歳の時に書いた「理想の恋人像」でした。書かれていた内容を見て、Cさんは腰を抜かしそうになります。

「今の奥さんとまったく同じじゃないか…」

そうです。Cさんが結婚した奥さんは、かつて自分が書いた「理想とする恋人像」と、ほとんど同じだったのです。

身長も、性格も、仕事も、ふと思いついて書いた趣味までもが…。

それを見た奥さんも、ビックリしていました。

もちろん、Cさんはその理想像と同じような女性を狙《ねら》って、奥さんを選んだわけではありません。なぜなら、Cさんは、そんな願望を書いたことすら、すっかり忘れていたのですから。

同じような例が他にもあります。わたしが北極老人のお宅を訪《たず》ねた時。とあるきっかけから、北極老人の若かりし頃のアルバムやノートを拝見する機会がありました。

そこで、わたしは一冊のノートを手にします。表紙の色も変色した、古いノートです。パラパラッと、そのノートをめくっていると、〝将来住む家の間取り〟と書かれたページがありました。

それを見て、わたしは驚きました。そこに描かれていた家の間取りが、以前よくお邪魔していた北極老人宅（借家）の間取りと、同じだったからです。

「先生、こんなにイメージにぴったりの家が、よく見つかりましたね！」

すると、北極老人は、

「へえ…。

こんなことを書いたなんて、すっかり忘れていたよ」

と、仰《おっしゃ》っていました。

わたしは、ただただ感心しきっていました。

Cさんが書いた「理想の恋人像」も、北極老人が書いた「将来住む家の間取り」も、時が経《た》ってそれを見つけるまでは、ずっと忘れていたものでした。

それは、すぐに忘れるほど浅い願いだったからでしょうか？

そこまで真剣な願望ではなかったから忘れたのでしょうか？

いいえ、違います。

願望を書いたときから、未来の自分（本当の自分）に、願望をすべて〝あずけきった〟からです。

Cさんは、北極老人の言葉を信じ、「自分にご縁のある恋人は、いつか、必ず現れるだろう」と、思っていました。「理想の恋人」という願望を書いた時点で、「こういう女性だったらいいな」「こんなデートがしたいな」という願いも、執着《しゅうちゃく》も、ぜんぶ、未来の自分（本当の自分）に託した（手ばなした）のです。だからこそ、忘れた頃に、願望が成就していたのです。

なぜ、「書いて、忘れる」ことが大事なのでしょうか？

願望成就において、いちばん障害になるものが、執着だからです。

執着とは、過去へのこだわりです。

執着とは、過去を追いかけることです。

未来の自分（本当の自分）は、執着《しゅうちゃく》を喜びません。
・過去の自分では、決して、出会えなかった〝人〟
・過去の自分では、想像すらできなかった〝物〟や〝場所〟
そんな、新しい「出会い」が未来には存在します。


もし、自分をバカにしたやつらを見返すために、「社長になりたい」「一流大学に合格したい」「金持ちになりたい」「有名人になりたい」と願ったら、これは、すでに流れ去ってしまった過去の幻想《げんそう》（結果）を追い求めていることになります。

過去を振り返ってばかりいては、もう目の前（現在）まで、未来から新しいビジョン（結果）が流れて来ているのに、気づくことができません。

未来からのメッセージをキャッチするには、未来の自分（本当の自分）を信頼することです。

そのために、「書いて、忘れる」こと。

すなわち「願って、イメージして、（未来の自分に）あずける」ことです。

ドラゴンノートに願望を書きながら、これを実践すると、いつしか過去への執着が消え、過去の呪縛から解き放《はな》たれ、あなたは〝幸福な時間感覚〟へと導かれます。

そして、忘れた頃には、あなたの願望は叶っているはずです。

また、〝幸福な時間感覚〟の中で生きていると、不思議なことに、あなたの願望自体もどんどん変わってくることをお気づきになるでしょう。

21　潜在意識に願いを届ける言葉

たとえば、「禁煙すること」が目標の場合。

ドラゴンノートに、

「タバコを吸っていません（←完了形で）」

と書くとしますね。

この言葉を見て、どんなイメージがわいてきますか？

「タバコを吸っていません」と言っている人は、どこかで、ガマンしてそうじゃありませんか？　「ほんとはタバコが吸いたい……。でもガマンしなきゃ」と頭の中で、ずっと繰り返し思っているような状態ですね。

それでは、むしろ、逆効果です。

本当の意味で、その問題を克服したとは言えません。

ガマンが生じないためには、どうすればよいか？

意識の中からも、潜在意識《せんざいいしき》の中からも「タバコ」という存在を消すことです。そうなれば、ガマンはなくなります。


ここで潜在意識の性質を一つご紹介しましょう。

潜在意識は〝無い〟という概念、〝否定〟という概念を理解できません。

たとえば、

「白い犬を想像するな！」

と言われたら、どうでしょうか？

思わず〝白い犬〟を想像してしまいませんか？

〝否定形〟の言葉を投げかけても、潜在意識は理解してくれないのです。

だから、「するな！」と言われると、逆に「する（してしまう）」のです。

これが潜在意識の働きです。

「タバコを吸わない」という宣言は、潜在意識は「…ない」が理解できませんから、「タバコを吸う」という逆のイメージが入ってしまうのです。だから、「吸わない」と宣言したのに、吸いたくなるのです。

では、先ほどのタバコの場合で言うならば、どう書けばよいのでしょうか？

「キレイな空気だけを吸って、生きていることに喜びを感じている」と書けばよいのです。否定の言葉を使わず、肯定《こうてい》している状態。

これが潜在意識にあなたの願望を届けるのに、適した表現なのです。

ただ、内容によっては、どう表現すればいいかわからないものもあるでしょう。その場合、次のように考えてください。

まず、（あなたが変えたいと思う）振る舞いや、問題点をイメージします。「その問題が解決できたら、自分はどんな気分になるのか、どんな振る舞いをし、どんな表情をするようになるか、どんなことを考えているのか」、その姿を書いてみてください。

タバコの例で言うなら、

『日々キレイな空気を吸い、表情は明るく、清々《すがすが》しい気持ち。いい空気を吸うようになり仕事もはかどるし、心身ともに健康で心に余裕がある状態になりました』

学校での友人関係が悩みなら、

『クラスの雰囲気はいつも明るく、みんな、困ったときは互いに助け合う仲間のような関係。わたしは、勉強もはかどり、部活動も楽しく、とても充実した学校生活を送れるようになりました』

このような肯定的（ポジティブ）な言葉で、その情景《じょうけい》がリアルにイメージできるように書いていきましょう。

ドラゴンワーク 15

叶えたい願望（克服したい問題）を肯定的（ポジティブ）な言葉で、その情景がリアルにイメージできるように書いてみましょう。

自分が変えたい問題点	理想的な書き方
[例 1] タバコをやめたい	私は、日々キレイな空気を吸い、表情は明るく、清々しい気持ち。いい空気を吸うようになり、仕事もはかどるし、心身ともに健康で心に余裕がある状態になりました。
[例 2] 暴飲暴食をやめたい	私は、日々、美味しい料理をいただき、心身ともに健康で、毎日が楽しく、表情は明るく、清々しい気持ちで、自分が大好きになりました。
[例 3] 職場で人間関係をうまく築けない自分が嫌い	私は、やりがいのある仕事をし、温かくて、やさしくて、お心の良い、上司や部下や同僚に囲まれて、毎日出勤するのが楽しく、心身ともに健康で心に余裕がある状態になりました。

ドラゴンワーク 15

叶えたい願望（克服したい問題）を肯定的（ポジティブ）な言葉で、その情景がリアルにイメージできるように書いてみましょう。

自分が変えたい問題点　　　　理想的な書き方

22　比較は、過去への復讐

未来をイメージする際に、多くの人がやりがちで、しかも〝不幸な時間感覚〟を持つ人の典型的（代表的）思考パターン、それは自分と他人とを〝比較〟することです。

「○○さんの年収を超えますように……」

「○○さんのようになれますように……」

できれば、今日中に、その発想を捨てましょう。

「○○さんの年収を超えますように……」と、ドラゴンノートに書いたとします。

この表現の中には、ネガティブな感情が混入《こんにゅう》している場合が多いのです。ネガティブな感情、というのは、いわば、〝過去への復讐《ふくしゅう》〟の気持ちです。

「過去に、満たされなかった（傷ついた）思いを、今、晴らしたい（取り戻したい）」という気持ちです。

実は、多くの人が、（本当の自分の）夢や目標と、〝過去への復讐〟とを、取り違えてしまっているのです。

過去に受けた心の傷、満たされざる愛情、コンプレックス、プライド…。そういった過去の感情の鬱積《うっせき》を晴らそうとする〝動機《どうき》〟によって合成された夢や目標は、未来の自分（本当の自分）から生まれた夢や目標ではなく、過去への復讐にすぎません。

あなたが生きていく限り、過去（の記憶）は無限に存在しますから、それらを、一つ一つ晴らして（復讐して）いっても、キリがありません。

過去との戦いは、終わりなき戦いです。そして、それはあなたが〝真にやりたいこと〟ではありません。

ドラゴンノートで一貫《いっかん》してお伝えしていることは〝幸福な時間感覚〟です。

未来の自分、本当の自分、そういう自分になり代わって（なったつもりで）生きていけばいいのです。

過去の延長線上に幸せはありません。「○○さんのようになりたい」という表現もやめましょう。

もちろん、優《すぐ》れた人物を見ると、「その人のようになりたい」と思うこともあるでしょう。それでも、優れた人物や、尊敬する人物から、〝学ぶ〟ことは大いに結構です。未来の自分（本当の自分）をイメージするための参考にするのもかまいません。それでもです。それでも、「○○さんのようになりたい」と書くのは、おやめください。

たとえば、「もっと男性として魅力的になるために、坂本龍馬《さかもとりょうま》のようになりたい」と願った人がいたとしましょう。

しかし、

・幸せな自分
・成長した自分
・素晴らしい自分

そんな未来の自分は「坂本龍馬のような人」である（必要がある）かと言えば、決して、そうとは限りません。あなたが幸福になるルートと、坂本龍馬のそれとは、まったく違います。幸福へのプロセスは、人それぞれなのです。

ドラゴンワーク 16

1．幸せな未来の自分（幸せな自分、成長した自分、素晴らしい自分）は、どんな自分ですか？

ドラゴンワーク 16

2．幸せな未来の自分（幸せな自分、成長した自分、素晴らしい自分）のイメージを絵で描いてみましょう。

23 口は災《わざわ》いのもと

もしも、自分の願望を人に言ったらどうなると思いますか？

「独立して会社をおこしたい！」

「東大に合格するんだ！」

「改革《かいかく》するんだ！」

おそらく、90％の人は、反対するでしょう。

大きな願望であればあるほどそうです。

「やめときなよ…」

「そんなのムリだって…」

ほとんどの人が、そう言い（思い）ます。

これがあなたの願望成就《がんぼうじょうじゅ》の〝ブレーキ〟になります。

なぜなら、他人からのマイナスの感情や思いを受けると、〝ネガティブ・エナジー〟といって、あらゆる不運の原因になる〝邪気《じゃき》〟（厄《やく》）をもらってしまうからです。

「この人なら賛成してくれるかも…」

そう思って打ち明けてみますと、表向《おもてむ》きは「応援するよ」と言ってくれるかもしれませんが、心の中では、何を思われているかわかりません。

人間はどんなにいい人でも、BAD《バッド》な（落ち込んだ）気分の時と、GOOD《グッド》な気分の時があるものなので、昨日は「応援するよ」と言ったことでも、明日になれば（時間がたてば）〝記憶〟が書き換えられて、マイナスの感情を向けられてしまう場合があります。

願望はできるだけ〝秘密〟にしておいたほうがいい、という根拠は、密教《みっきょう》の教えの中にもあります。密教とは、一般の民衆《みんしゅう》には秘密にされており、選ばれた者に対してのみ、秘儀《ひぎ》が伝授されてきた宗教です。

〝邪気〟（厄）を退散させ、良い〝気〟（光）を集めてくる（発生させる）ことで、病気治しや、願望成就に威力《いりょく》を発揮したそうです。

せっかく良い〝気〟を集めてきても、それを失くしてしまったり、盗《ぬす》まれてしまったり、良い〝気〟以上に〝邪気〟を受けてしまったら、願望は成就しません。

〝気〟を集めるとは、秘密の教えを実践することです。
〝気〟を失くすとは、（他人に）秘密を話してしまうことです。
〝気〟を盗まれるとは、（他人に）秘密を知られることです。
〝邪気〟を受けるとは、マイナスの感情（思い）を向けられることです。
自分の大事な夢や願望を人に話すと、叶《かな》う寸前《すんぜん》のところで邪魔が入ったとか…。
そういう話は、ごまんとあります。

潜在意識《せんざいいしき》の世界では、人に〝話《はな》す〟＝人に〝離《はな》す〟と考えられています。

自分にとって大切なことを人に話すと、離れていってしまうのです。

もちろん、あなたを、心から応援してくれる指導者や、パートナーなら話は別です。あなたが100%の信頼をおける相手には、話してもかまいません。

しかし、秘密にすることで、はじめて、良い〝気〟が集められるのです。

〝口は災いのもと〟といいます。くれぐれもお気をつけください。

24 願望は進化させていく

『ドラゴンノート』は、自由に書いていただいてかまいません。
もちろん、今までに挙《あ》げたポイントは活用していただきたいのですが、ここから先は、ポイントというより、心構えのようなお話です。

それは、書く内容を少しずつ〝進化〟させてほしい、ということです。
〝進化〟とは何か？
毎日書きながら、書く内容（願望）を変化させ、成長させることです。

ぼや～っとした内容、あいまいな内容から、より〝具体的〟な内容にしていくことの重要性は、すでに述べました。今度は、それとは違う視点からのアプローチです。進化させるとは、〝全体性《ぜんたいせい》〟を含むということです。

ある農家の方が、毎日毎日、田畑《たはた》を耕《たがや》して、草刈りをして、肥料をまいて、一生懸命に、稲や野菜を育てていました。

しかし、ある日、イナゴの大群がやってきて、稲が食い荒らされてしまいます。そして、こんどはタヌキがやってきて、畑の野菜は全滅します。当然、農家の方は腹を立てて、怒り心頭に発《はっ》します。「イナゴめ！　タヌキめ！　死んでしまえ！」とさえ思ったそうです。

そして、この農家の方は、ある霊能者に依頼して、「イナゴめ！　タヌキめ！　死んでしまえ！」と思いながら、二度と、自分の田畑に入ってこないように祈願《きがん》しました。

すると、どうなったと思いますか？

翌朝、何百匹ものイナゴの死骸《しがい》と、タヌキの死骸が見つかったそうです。

さすがにびっくりして、「死んでしまえ」とまで思ったことを反省して、想念《そうねん》を改めて、「イナゴさん、タヌキさん、あなたがたも、食べ物がないと生きていけないでしょうから、わたしの田畑の、この部分だけは食べてもいいですから、それ以上は食べないでくださいね」と祈願し直したそうです。

それ以来、田畑の被害は最小限で済むようになり、作物が少々食べられたとしても、おおらかな気持ちで受け止められるようになったそうです。

これが〝全体性〟を含む、という考え方です。

自分のことだけじゃない、全体のことを含めた視点でものを見るようにするのです。

自分だけの損得じゃない、自然界のバランスでものを見るということです。

会社経営でも、人生でも、

〝儲《もう》け過ぎない〟

〝取り過ぎない〟

〝喜び過ぎない〟

〝ガマンし過ぎない〟

という視点が必要です。これも〝進化〟の一つと言えるでしょう。

次のお話は、リンゴの無農薬栽培を成功させて、NHKテレビ番組『プロフェッショナル～仕事の流儀～』にも取り上げられた、木村秋則《きむらあきのり》さんのお話です。

木村さんを悩ませていたのは、タヌキの害でした。収穫まぎわになると、トウモロコシをごっそりタヌキに食べられてしまうのです。なんとかしなければと、畑に大量の虎鋏《とらばさみ》（ワナ）をしかけます。

ある朝、虎鋏に仔《こ》ダヌキがかかっていました。

傍《かたわら》には心配そうに見守る母ダヌキの姿が。母ダヌキは、木村さんが近づいても、その場から動こうとしません。木村さんは暴れる仔ダヌキを押さえつけて、虎鋏を外《はず》してやりました。すると、母ダヌキは仔ダヌキの傷口を、一生懸命、舐《な》めてやっていました。母ダヌキの懸命な姿を見た木村さんは、できばえが悪くて売り物にならないトウモロコシを、畑の端《はし》に置いてやることにしました。

翌朝、畑の端に置いていたトウモロコシは、一つ残らずなくなっていました。しかし、売り物のトウモロコシは、まったく荒らされていなかったのです

それ以来、売り物にならないトウモロコシを畑の端に置くようにしたところ、タヌキの被害はほとんどなくなった、とのことです。

〝勝ち過ぎ〟てしまえばどうでしょう？
〝儲《もう》け過ぎ〟てしまえばどうでしょう？
〝勝ち過ぎ〟た結果、自分は幸せかもしれません。
〝儲け過ぎ〟た結果、自分はお金持ちかもしれません。

しかし、自分の成功の陰《かげ》で、誰か不幸になっていませんか？
誰か、自分の犠牲になっていませんか？
それに〝気づく〟ことが、全体性を含む、ということなのです。
では、どういうときに、〝気づき〟は生まれるでしょうか？
一つは、実際に夢が叶ったときです。

ほしいほしいと思っていたのに、いざ手に入れてみると、あれ、こんなはずじゃ……となる。これは大なり小なり、多くの人が経験するものでしょう。

やっとの思いで、それを手にいれたにもかかわらず、叶ったら叶ったで、なぜか虚《むな》しくなったり、すぐに飽きてしまったり、また新たなことで悩み始めてしまうのです。

そうなってしまうのは、全体性を含まず、自分主体の夢を抱いているからです。

そうした価値観が揺らぐような出来事が起これば、とたんに今まで夢だと思っていたものが、幻想だったと気づくこともあるのです。

つまり、今現在のあなたが「この夢さえ叶えば幸せになれるはずだ」と、信じてやまない願いすら、数年後には、「見てる世界が狭《せま》かった」「こんな小さいことで悩んでたのか」と、覆《くつがえ》ってしまうことさえあるのです。

そうして夢から覚めるたびに、一歩ずつ願望を進化させるのも、一つのルートです。

しかし、「やっぱりあっちがいい」「今度はこれがいい」ということを何度も繰り返していられるほど、一生は長くはありません。

だからこそ、あなたには、最短ルートを進んでいただきたいのです。

そのルートとは、自分の夢を疑《うたが》う、ということです。

あなたが描いている夢は、誰になんと言われようが、死んでも叶えたい夢でしょうか。
それを手に入れるために生まれてきたと、言い切れるほどの、真の願いでしょうか。
今の価値観を、根底から覆すようなことを言われても、揺らがない目標でしょうか。

このように、自分で、自分に、問いかけてみるのです。

するとある瞬間、いかにどうでもいいことに、時間やエネルギーを使っていたかが見えてくることがあります。

そして、あなたの成長とともに、全体性を含む割合を、少しずつ上げていくことが、あなたにとっての〝進化〟なのです。

全体性とは、小さい単位で見れば〝家族〟です。自分の願望は〝家族の幸せ〟を含んでいるかを考えてみましょう。

もう少し、大きな単位で見ると、ご近所、学校、会社、友達です。〝自分の所属するコミュニティ〟の人たち（構成メンバー）の幸せを含んでいるかどうか、考えてみましょう。

さらに大きく見れば、自分の住む街です。

その人たち（構成メンバー）の幸せに貢献しているでしょうか？

自分の住む都道府県。

日本…。アジア、世界、地球…。

果ては、宇宙まで。
目に見える世界から、目に見えない世界へ。
どんどんと、より大きな〝全体性〟を含んでいってほしいのです。

親の価値観を越えて、学校で教えられた価値観を越えて、社会の価値観を越えて、国の価値観を越えて……、そして、時代の価値観をも越えていき、自分を開放する。

そうして最終的に行き着くところにあるのが、あなたの究極の願いです。

それに気づいたときは、ためらわずに、願望を書き換えてください（違うな…と思う願望は、取り消し線を引いて、書き直してください）。
あなたが、より大きな〝全体性〟を含むとき、未来の自分（本当の自分）は、喜んで、その願望を達成しようとするでしょう。

なぜなら、究極の未来（究極のゴール）とは、１００％の全体性だからです。

ドラゴンワーク 17

全体（家族、ご近所、学校、会社、友達など）の
幸せをイメージしながら、あなたの願望を書いてみましょう。

1．家族

2．会社の仲間

3．地域の人や友人・知人

4．日本(もしくは世界)

25　ノブレス・オブリージュ（noblesse oblige）

ドラゴンノートを手にしたあなたは、ある意味では、特別な存在であり、選ばれた人間と言っても過言ではありません。だからといって、勘違い（誤解）しないでくださいね。わたしは、あなたの小さなプライド（エゴ）を満たすために、そんなことを言っているのではありません。本物のプライド（愛）を呼び覚まし、自覚してもらいたいのです。

イエス・キリスト
お釈迦様《しゃかさま》
坂本龍馬《さかもとりょうま》
北条政子《ほうじょうまさこ》

ヘレン・ケラー

歴史上の偉大な人物たちも、みんな、高いセルフイメージ――〝ドラゴンセルフ〟（ドラゴンセルフについては220ページ以降で詳述します）の力を借りることによって、悟《さと》りを開いたり、偉業《いぎょう》を成し遂げたりしているのです。

あなたは、そんなドラゴンノートによる〝特別な力〟を手にしたわけですから、あなた自身の〝セルフイメージ〟（自己イメージ）も、それにふさわしいもの（高いセルフイメージ）に育てていってほしいのです。

人は、セルフイメージという自分自身に対する自己像《じこぞう》を持っています。

「わたしは、不幸だ…」

「わたしは、万年《まんねん》、ヒラ社員だ…」

「わたしには、独立開業なんか無理だ…」

そういう人は、セルフイメージが低いのです。

「わたしは、幸せだ」

「わたしは、絶対成功できる」

「わたしなら、世のため人のために、貢献《こうけん》できる」

そんな人は、セルフイメージが高い、と言えます。

ところで…、

「noblesse oblige（ノブレス・オブリージュ）」という言葉をご存じでしょうか？


この言葉は聖書からきたものです。

「すべて多く与えられた者は多く求められ、多く任された者は更《さら》に多く要求される」

——「ルカによる福音書《ふくいんしょ》」12章48節——


要は、地位や富を得たならば、それなりの「責任」が生じるよ、という意味です（イギリスや、アメリカでは、お金持ちや成功者が、ボランティア活動や、寄付や、慈善《じぜん》事業をするのが当然の義務で、そうするのが、当たり前だと考えられています）。

ここで、さっき言ったことを、もう一度、思い出してください。

ドラゴンノートを手にしたあなたは、ある意味では、特別な存在であり、選ばれた人間ですから、それなりの責任があります。

どういう責任なのか？

それは、人間的に成長し〝進化〟していく責任です。

ドラゴンノートには〝不可思議《ふかしぎ》なる力〟が込められているからこそ、それを手にしたあなたは、それ相応の責任（人間的に成長し、進化していく責任）があると言えるのです。

あなたは、大いなる力を手に入れた代わりに、周囲の人たちの幸せに貢献しなければならないのです。


何度も繰り返し言いますが、未来には「最高に幸せな自分」が存在しています。

それはどんな自分でしょうか？


「自分さえ幸せなら、それでいいんだ！」

「自分さえ成功できれば、それでいいんだ！」

そんなふうに考えているでしょうか？

そんなことはありませんよね。

幸福とはなんでしょうか？

幸福とは、自分と、他人との〝関係性〟によって決まるものではないでしょうか？

「最高の幸せを手にした自分」は、決して「自分だけが幸せ」という状態を望んではいません。〝幸福〟というものを、つきつめて考えれば、〝全体性《ぜんたいせい》を含む〟ことに行き着くでしょう。

幸せとは…、
自分の周囲にいる人々、そして、この地球上に存在するすべての人々、生きとし生けるもの、すべてと、ともに喜びをわかち合っている状態だと言えます。

そうなってこそ、「最高に幸せな自分」だと言えるのです。

ドラゴンワーク 18

自分の周囲にいる人々、この地球上に存在するすべての人々、生きとし生けるものすべてと、ともに喜びを分かち合っている「最高に幸せな自分」とは、どんな自分でしょうか？

第4章

中級・願望成就力《がんぼうじょうじゅりょく》の高め方

26 ドラゴンセルフ

ここでは、ドラゴンノートを使って、セルフイメージ（自分の自分に対するイメージ）を劇的《げきてき》に上げる方法をお伝えします（名づけて、ドラゴンセルフ）。

なぜ、セルフイメージを上げる必要があるのか？

人は、セルフイメージに見合った〝運命〟（未来）しか引き寄せられないからです。

どんなに努力しても、
どんなに勉強しても、
どんなに修業しても、
どんなに才能を磨《みが》いても、

結局は、セルフイメージという〝器《うつわ》〟に盛れる分しか、〝果物〟（結果）は得られないのです。

ちなみに、〝果物〟（結果）を、大きく育てられるかどうか、たくさん収穫できるかどうかは、〝栄養分〟（光）を、どれほど貯《た》められたかによるのですが、そのお話は、別の機会にいたします。

さて、セルフイメージという〝器〟に盛れる分しか、〝果物〟（結果）は得られない…ということは、人生を変えるには、まず、セルフイメージを変えること（〝器〟を大きくすること）です。

セルフイメージを変えれば、未来も様変《さまが》わりし、人生は一変します。

では、どうすればいいか？

今から、その方法に迫ります！

27　ウソのないページを作る

「ドラゴンセルフ」（自分のセルフイメージを劇的に高める方法）について、ご説明します。

まず、「ドラゴンセルフ」用のページを作ります。そこに「まったくウソのないページ」と書いて、

- 日付
- 住所
- 名前

を書きます。

そして、

・今日、自分がしたこと
・今日、自分がすること
・過去において、自分が１００％したこと
・未来において、自分が１００％できること

を書き、すべてにおいて、〝まったくウソのないページ〟を作るのです。そして〝まったくウソのないページ〟ができたら、最後に次のセリフを書き加えます。

「わたしは真我《しんが》です」

もしくは、

「わたしは本当の自分です」と。

たった、それだけで、セルフイメージは飛躍的にアップします。

①今日、自分が実行したこと
②今日、自分が実行すること
③過去において、自分が100％実行したこと
④未来において、自分が100％実行できること
とは、どういうことか。

①「今日、自分が実行したこと」というのは、簡単ですよね。
・「今日、映画『○○○○○』を見に行った」とか、
・「今日、喫茶店○○○でコーヒーを飲んだ」とか、
今日あったことを、記憶の範囲内で、箇条書きにするだけです。

ただし、「映画『○○○○○』を見に行ったが、今年見た映画の中でいちばんオモシロかった」とか、「喫茶店○○○でコーヒーを飲んだが、店員の態度が悪く、もう二度と行かない」とか、評価が変わってしまう可能性があるようなことは書かないほうがいいでしょう。あくまでも、客観的事実だけを書いてください。

②「今日、自分が実行すること」というのは、今日中に実行できない可能性があることは書かないでください。もしも、「今日、公園で散歩する」と書いたにもかかわらず、急に雨が降ってきたので行けなかった、となると、〝まったくウソのないページ〟の中でウソをついたことになり、〝ドラゴンセルフ〟の効果がなくなってしまいます（そういう場合は、新しいページに、一からやり直してください）。

③「過去において、自分が１００％実行したこと」は、①と同様です。

④「未来において、自分が１００％実行できること」も、②と同様に、実行できない可能性があることは書かないでください。

「○月△日、阪神ｖｓ巨人戦（甲子園球場）に行く」

「○月△日、□□□とデートする」

などは、実行できない可能性があるので、〝ドラゴンセルフ〟のページには書かないでください。

とにかく〝ドラゴンセルフ〟のページに書いたことは、100%、必ず、実行するようにしてください。

100%ですよ。

一つでも「ウソ」があれば、そのページは無効です。

受験生なら、勉強を始める前に、何を勉強するのかを〝ドラゴンセルフ〟のページに書きます。

・「チャート式 数学Ⅰ」の120~125ページを、1時間勉強する
・「レベル別英文法3」の不定詞のところを、2時間勉強する

などと決めて、100%、確実に実行するようにします。

・今月中に、「レベル別英文法3」を1冊、ひと通り終わらせる
・今月中に、英単語を100個暗記する

など、絶対に実行可能な目標（数字）を〝ドラゴンセルフ〟のページで宣言し、100%実行します。

そうすると、どうなるか？
セルイメージが、ぐんぐんアップします。
未来の自分（本当の自分）も、潜在意識《せんざいいしき》も、「あなたという人間は、いったん〝やる〟と宣言したことは、必ず実行するんだ」と認識し、あなたが言ったこと、思ったことを、どんどん実現する方向に動き始めますから、願望成就力《がんぼうじょうじゅりょく》が格段にアップします。

主婦の方なら、家事でもかまいません。

- トイレの掃除をする
- 玄関の掃除をする
- 洗濯をする

1日の始まりに、自分が「必ずやる」「絶対にできる」と宣言したことを書いてください。
そして、必ず、実行してください。

ルールは0時〜24時までです。今日という1日は、深夜0時にスタートして、朝、昼、夕、夜、深夜24時で終わりです。

朝6時に、「今日中に、『○○○』という本を読み終わる」と宣言して、深夜24時を過ぎても読み終わらず、結局、深夜25時（翌1時）までかかったというのは、無効です。

ゲームオーバーです。

はじめの段階は、100%、絶対に実行できるところからでかまいません。カンタンなことから始めましょう。

たとえば、

- 通勤電車に乗る
- 昼ごはんを食べる

・家族に「おはよう」の挨拶をする
・脱いだ服をハンガーにかける
・『〇〇〇』という本を5ページ読む
など、これならカンタンにできますよね？


100%、確実に、実行できることが重要です。

これが、セルフイメージをアップさせるのです。

なぜか？

さっきも言いましたが、未来の自分（本当の自分）も、潜在意識《せんざいいしき》も、「あなたは〝やる〟と決めたら、必ずやる人間なんだ」と信用しますから、

「そうだ、自分はできるんだ！」

と、本気で思えるようになってくるのです。

「言ったことが成《な》る」と書いて「誠《まこと》」と読みます。

「言ったことは必ず実行する」生き方、

「自分を裏切らない」生き方、

そんな生き方がセルフイメージを上げるんです。

逆も言えます。言ったことを決めます。そして、裏切ります。

するとどうなるか？

「やっぱり、自分はできないんだ…」

潜在《せんざい》意識《いしき》、無意識で、そう思ってしまうんです。そうなると、セルフイメージが下がります。「自分を信じる」と書いて、「自信」と申します。これが「本当の自信」です。

宣言する。
↓
実行する。
↓
自信がつく。
↓
未来が信じられる。
↓

幸福な時間感覚になる。

自分がやることを宣言する。

←

実行しない。

←→

自分のことが信じられなくなる。

←→

不幸な時間感覚になる。

カンタンですよね？

言ったことをやる。決めたことをやる。これが願望成就《がんぼうじょうじゅ》の土台を作るのです。

…さらに言いましょう。

これを毎日続けていくとどうなるか？

〝ドラゴンセルフ〟のページに書いたことに〝ウソ〟はなくなっていくのです。どういうことかわかりますか？　未来においても〝ウソ〟がなくなっていくということです。

自分が願ったこと、自分が考えたことが、どんどん実現していくようになるのです。

このあとの「ドラゴンワーク19」を利用して、実践してみてください。

（もちろん、続けて実践したい場合は、「巻末付録・ドラゴンノート記入欄」に書いていただいてもかまいません。その場合は、左右見開きでご使用ください）

ドラゴンセルフの実例

まったくウソのないページ

（大阪府枚方市楠葉朝日3-10-27
楠葉 花子）

2019年9月19日 7:30

- 今日、7時に起床した。
- 今日、パン屋さんに行く。
- 今日、歯を磨く。

私は真我です。

2019年9月20日 7:00

- 今日、6時に起床した。
- 今日、トイレ掃除をする。
- 今日、仕事へ行く。

私は真我です。

2019年9月21日 10:00

- 今日、朝食をつくった。
- 今日、買い物へ行く。

私は真我です。

ドラゴンセルフの実例

2019年9月22日 23:00

- 明日、顔を洗う。
- 明日、映画を観る。
- 明日、晩ごはんを食べる。

私は真我です。

2019年9月23日 23:30

- 今日、お風呂に入った。
- 明日、靴を履く。
- 明日、バスに乗る。

私は真我です。

2019年9月24日 22:15

- 今日、英語の勉強をした。
- 明日、昼にお弁当を食べる。
- 明日、洗濯をする。

ドラゴンワーク 19

「まったくウソのないページ」を書いてみましょう。

記入日　　　　　年　　　　月　　　　日

住所

名前

1．今日、自分がしたこと

2．今日、自分がすること

ドラゴンワーク 19

「まったくウソのないページ」を書いてみましょう。

3．過去において、自分がやると決めて100％実行したこと

4．未来において、自分が100％実行できること

5．「私は真我《しんが》です」もしくは「私は本当の自分です」と記入

28　１ケ月で未来は変わる

ところで、自信を手に入れて、幸福な時間感覚へ至るルートの中で、

宣言する

←　実行する

←　自信がつく

まではなんとなくわかる。でも、その続きの、

自信がつく

←→

未来が信じられる

←→

幸福な時間感覚になる

というところが、わかりにくいかもしれません。

要は、こういうことです。幸福な時間感覚になるルートは、二つあります。

一つは自信がついたら、未来が信じられるようになり、そうなったら〝幸福な時間感覚〟になる、というルートです。

もう一つのルートは、いきなり、未来を信じる、という道です。

いきなり未来を信じるということは、理屈《りくつ》抜《ぬ》きに〝未来の自分（本当の自分）の存在〟を信じるということです。

感覚としては、人智《じんち》を超えた大いなる力に〝自分〟は守られている、と信じている状態です。

実は、若かりし頃の北極老人は、こっちのルート（いきなり未来を信じる道）から入って、〝幸福な時間感覚〟を手に入れました。

そして、北極老人の直弟子《じきでし》たちの大半が、こっちのルート（いきなり未来を信じる道）から入っていって、〝幸福な時間感覚〟を手に入れているのです。

もちろん、「宣言→実行→自信」のルートも学習しています。

では、

自信がつく

←

未来が信じられる

←

幸福な時間感覚になる

のルートでは、どのようにすればよいのでしょうか？

自信を、未来への確信に変え、幸福な時間感覚にステップアップするためのカギは、

・習慣化
・続けること

です。

ドラゴンノートを、毎日5分でもいいですから、書き続ける（書いたページを読み続ける）ということを、3日、3週間、3ヶ月、半年…と続けていってください。どんどん、未来が信じられるようになってきます。


占いのお客様の中に、Dさん（25歳）という方がおられました。

Dさんは、「人生を変えたい！」と、心底、悩んでいました。来る日も来る日も、朝から晩まで工場で働いていました。自分の中で、何も前に進んでいないような気がして、

「何か違う…」

「これは、僕が本当にやりたい仕事ではない！」

そう感じていたそうです。

しかし、その工場を辞めようとしても、なかなか、決心がつかず、毎日が過ぎていきました。

そんなある日、Dさんは、わたしと出会いました。

Dさんは、こう、仰《おっしゃ》いました。

「人生を変えたいんです。でも一歩を踏み出す勇気がなくて…」と。

それまでの人生はずっと、「自分のことをダメな人間だ…」と思い込んでいたDさん。セルフイメージも低かったんです。

大学は中退。飲食の道に進もうと思い、飲食店に勤めるが、ものにならず、挫折《ざせつ》。なんとなく入った工場で、なんとなく仕事をする日々。これまでの人生で、何一つ、やり遂げたものがなかったのです。

そんなDさんに、わたしは一つ提案しました。わたしの手持ちのドラゴンノートを1冊渡し、そして、こう約束したのです。

「今日から1ヶ月間、毎日、ドラゴンノートを書いて、ここに見せに来てください」

Dさんは、

「わかりました。もう僕もこの年になって、ここで変われないと一生後悔《こうかい》する気がするんです。絶対に守ります。羽賀先生、よろしくお願いします」

彼は、とにかく、毎日、通われました。

1ヶ月間、雨の日も、風の日も…。

仕事が遅くなり、「間に合わないかも…」と思うような日もありましたが、そんな日も、タクシーで（何万円も使って）来られました。

そうすると、だんだん表情が変わってくるのがわかりました。

1週間目、しだいに表情が明るくなってきました。

2週間目、挨拶が元気になってきました。

3週間目、以前とはオーラが違ってきました。

だんだんと、Dさんの表情に、自信が見て取れるようになってきたのです。

これが、本当の自信です。

1ヶ月後、Dさんは別人のごとく〝変身〟していました。その後まもなく、Dさんは、ある方の紹介で、素晴らしい職場とめぐり逢うことができました。彼の〝本当の人生〟は、今、スタートしたばかりです。

ちなみに、わたしがDさんに、毎日、欠かさず、ドラゴンノートに書くように、とオススメした言葉を書いておきます。ご参考までに。

「わたしは、毎日、○○○（羽賀ヒカルのオフィス）に通います。

そして、1ヶ月後に、天職に恵まれました。ありがとうございます」と。

Dさんの未来は、わずか1ヶ月で激変《げきへん》しました。

「このまま行けば、こんな人生を歩むだろうな…」

という過去からのマイナスイメージを超えて、過去の呪縛《じゅばく》から解き放たれて、本当の人生をスタートしたのです。

29 不幸の原因 ネガティブ・エナジーとは？

「こうすれば幸せになれる」「こうすれば成功できる」…、世の中には、そういった情報があふれています。

しかし、何を聞いてもピンと来ない、教わったことを実践しても何も変わらない、と苦しむ方もおおぜいいらっしゃいます。「わたしって（オレって）、本当に幸せになれるの？」と、不安になってしまう方もいらっしゃるでしょう。

なぜ、そのように思ってしまうのか？

自分の中にある〝ネガティブ・エナジー〟が、そう思わせるのかもしれません。

北極老人いわく、

「不幸な時間感覚で生きている人は、過去からやってくる〝気〟を食べて生きている。

だから、自慢したり、傲慢《ごうまん》になったり、偉そうにふるまったり、感傷《かんしょう》にふけったり、優越感《ゆうえつかん》や劣等感《れっとうかん》をもったり、他人と比べたり、コンプレックスを生きがいに変えて、自意識の栄養分を補給しているのだ。

過去からやってくる〝気〟が集まって凝結《ぎょうけつ》すると、〝ネガティブ・エナジー〟を形成する。多くの人は、それを〝主食〟にして生きているのだが、そのことに、ほとんど誰も気づいていない。

耳心地《みみごこち》のよい甘い褒《ほ》め言葉や、オベンチャラや、地位や名誉や名声や、口あたりのよい悪口、噂《うわさ》話、駄弁《だべん》も、ほどほどにしないと、真理が覆《おお》い隠されてしまい、真実が見えなくなり、本当の自分がわからなくなる。

あらゆる感覚が麻痺《まひ》して、心の平安が失われる。

呼吸が浅くなって、病気になる。

最終的には、〝ネガティブ・エナジー〟が原因で、仕事も、家庭も、人生も、すべて、ＢＡＤ《バッド》な方向に向かう」

とのことでした。

〝ネガティブ・エナジー〟を、あなたの体内（心身）から抜くことが、人生を良い方向へ進めるためのカギになります。

では、どうすれば、〝ネガティブ・エナジー〟を体内（心身）から抜くことができるのか？

その前に、まず、知っておいてほしいのが、〝ネガティブ・エナジー〟の見分け方です。
〝ネガティブ・エナジー〟が体内（心身）に侵入するとどうなるか――。

・マイナス思考になり、〝運気〟が下がります。
・他人の〝運気〟、やる気、根気、積極性を奪う人になります。
・他人のせいにしたり、悪口を言ったり、噂話を好む人になります。
・八方美人《はっぽうびじん》的で、人の評価ばかり気にする人になります。

カンタンに言えば、〝過去〟ばかり見ている人になるということです。

ご自分の周りにも、思い当たるような人は、いないでしょうか？

世間には〝ネガティブ・エナジー〟があふれています。

多くの人は、知らず知らずのうちに、〝ネガティブ・エナジー〟に影響されて、イライラしたり、ささいなことで心がかき乱されたり、他人の目が気になったり、不安になったり、うつっぽくなったりしているのです。世間の目や、常識や、（社会に植えつけられた）価値観には、出身大学、会社のブランド、職種、年収…、そういった、さまざまな偏見や、ランク付けが、はびこっています。

- 嫌われたくない
- 見下げられたくない
- 仲間はずれにされたくない
- （一人でいるのが）寂しい

それらはすべて、究極的には〝自信〟の欠如からくるものですが、〝ネガティブ・エナジー〟からの影響も無視できません。
たとえば、こんな経験はないでしょうか？
・他人の愚痴《ぐち》や不平不満を聞いているうちに、自分も落ち込んでしまった。
・他人の相談に乗っているうちに、気持ちが重くなった。
など。

なぜ、そうなってしまうのかといえば、他人がかかえている悩みや、（社会に植えつけられた）価値観や、（全体性《ぜんたいせい》を含まない、狭い）考え方の中に〝ネガティブ・エナジー〟が潜《ひそ》んでいて、それにヘタに共感したり同情したりすると、〝ネガティブ・エナジー〟が（こっちのほうに）伝染《でんせん》してくるのです。

どんなに「善かれ」という思いでも、（うかつに）他人の相談に乗ってしまうと、〝ネガティブ・エナジー〟の被害者になってしまいますから、要注意です。

心理カウンセラーでもそうです。占い師もそうです。まじめで、相手に合わせられる、心優しき人ほど、〝ネガティブ・エナジー〟は伝染《うつ》りやすいのです。

精神科医のお医者さんが、精神病になりやすいのも、
ガンの専門医が、ガンにかかりやすいのも、
占い師が〝不運〟に見舞われやすいのも、
俗《ぞく》にいう〝いい人〟の人生が〝パッとしない〟のも、
〝ネガティブ・エナジー〟の伝染《でんせん》が原因です。

・会社の同僚と〝飲み〟に行って、一緒に上司の悪口を言っていると、すっきりしているような気がしてたけど、実は、BAD《バッド》になっていた（元気がなくなった）。
・大学受験生が、友達と話をするだけで、BAD《バッド》になった（やる気がなくなった）。
・あの人と会うと、調子が狂う（心が乱される）。

そんな経験はないでしょうか？

すべて（とは言いきれません。自分に内在《ないざい》する弱さのせいもありますが）、〝ネガティブ・エナジー〟の伝染が原因です。

家庭、職場、学校、近所…、周囲に合わせ過ぎるあまりに、自分の気持ち、考え方、行動までもが、（無意識のうちに）コントロールされてしまっている。そして、いつしか、それが〝本当の自分〟だと勘違《かんちが》いしてしまうのです。

そうやって、〝本当の自分〟から遠ざかってしまうのです。

「自分さえガマンすれば…」と、過剰《かじょう》に思い過ぎる人も〝本当の自分〟から遠ざかり、しまいには、病気になってしまいます。

そうならないためにも、〝ネガティブ・エナジー〟を体内（心身）から抜く方法をマスターしてください。

30　光の道

その昔、北極老人が、ある芸能人（アイドルタレント）の恋愛相談に乗ったときの話です。

彼女は、切に、真剣に、「人生を変えたい」と願っていました。

北極老人は、「一人の時間を３ヶ月作りなさい」と彼女にアドバイスしました。

彼女は、好きでもない男性と付き合うことが癖《くせ》になっていたのです。

その癖を抜く方法が、３ヶ月間、〝ネガティブ・エナジー〟をもつ人間とは、いっさい関わらないこと、だったのです。さらにその３ヶ月間は、北極老人みずからが、ドラゴンノートを使って〝光〟（幸福の気、運を良くする気）を、彼女に遠隔送信《えんかくそうしん》し続けたのです。

３ヶ月間。

できる限りネガティブな人間とは関わらない。

愚痴《ぐち》や不平不満を言うような友達とは会わない。

職場のイヤな人間ともなるべく関わらない。

そして彼女は、3ヶ月間、誰とも、ムダ話をしなかったそうです。デートもしない、飲み会にも参加しない、職場での会話も最小限にとどめました。

はじめは苦しかったそうです。

仕事も少しずつ減ってきて、援助してくれていた（最悪の！）プロデューサーにも嫌われて、「ああ、もうダメか」と思いかけていたそのとき、新たな仕事が舞《ま》い込んできたのです。ドラマの出演。そして、写真集の出版。とんとん拍子《びょうし》に進んでいこうとしていた、ちょうどそのとき、彼女のほうから北極老人に連絡が入ります。


「わたし、（本当の）自分がわからなくなっていました。

でも、こうやって、3ヶ月近く過ごしてみて、ようやくわかりかけてきました。

有名になるとか、お金をいっぱい稼ぐとかって、二の次だなって。

もっと大事なことって、ほかにあるんだなって。

今までの仕事って、正直、人には言えないような方法でとってきたものもあったんですが、そういう繋《つな》がりは、この3ケ月間で、きれいさっぱり、ぜんぶ切れちゃいました（笑）。

今、人間的にもすごく信頼できる監督から、いっしょに舞台をやらないかってお誘いを受けてるんです。

それに関しては、なんとなく〝いい予感〟がするんですよね。

でも、ドラマとか、写真集とかって、もういいかなって思ってるんですけど…」

北極老人は、

「君の思うようにしたらいいよ。

今なら、それができるから、自分の直感を信じたらいい。

きっとうまくいくから。それにしても、よく頑張ったね。

〝ネガティブ・エナジー〟も、ほとんどなくなってきているよ。

あとは、天の貯金（光）を貯《た》めていくことだね」

とお話しされたそうです。

いかがでしょうか？

3ケ月間の〝ネガティブ・エナジー〟抜きと、ドラゴンノートを使った北極老人による〝光〟の遠隔送信によって、彼女の人生は大きく変わりました。

もちろん、これをそのまま実践するのは、誰にとっても容易なことではありません。ふだんの生活から〝ネガティブ・エナジー〟の侵入を許さないように心がけること、ドラゴンノートを継続して使い込むことによって〝光〟を貯めることが、〝進化〟の最短コースであり、〝幸福な時間感覚〟への第一歩です。

〝ネガティブ・エナジー〟が体内（心身）から抜け出している最中は、瞑眩《めんげん》現象（好転《こうてん》反応）といって、体内の有害物質が体外に排泄される際に起こる一時的に悪化したかのように見える現象と同様に、不安になったり、人恋しくなったりすることもあります。

それらも、3ケ月ほどで、〝光〟の働きによって、しだいに消えてゆくでしょう。

人が、真に〝光（あなたを幸せにする栄養分）〟に満たされると、身体の内外にある微細な磁場が活性化され、〝ネガティブ・エナジー〟が伝染しにくくなります（この段階に到達して、はじめて、〝真《しん》に〟他人の相談に乗ることができ、カウンセラー、占い師、精神科医などの仕事をしても、たぶん大丈夫）。

〝光〟に、心身が満たされると――

・運が良くなります
・良縁に恵まれます
・チャンスを呼び込みます
・一人でも寂《さび》しくありません
・何事にも、一途《いちず》です
・未来の自分（本当の自分）と繫がります
・他人の目が気にならなくなります

人生には、二つの道があります。

・ネガティブの道
・光の道

光の道を歩きたいと思ったら、

- 「何か違うな…」と思う友達
- 一緒にいて元気・ヤル気・積極性を奪《うば》われてしまう友達
- 愚痴や不平不満を言う友達

そういう友達とは、距離を置くことです。
自分が今いる環境が「何か違うな…」と思ったら、思いきって、引っ越しすることも一手です。職場を変えてもかまいません。

そして、一人を楽しむのです。
一人でいても「寂しい」と思わないことです。
そんなメンタリティ（心）を作るのです。
それが〝ネガティブ・エナジー〟を抜くということです。
3日、3週間、3ケ月、半年、1年…。
そうやって〝ネガティブ・エナジー〟が抜けてきたとき、あらためて、〝未来の自分〟

をイメージしてみましょう。

そのとき、

・〝ネガティブ・エナジー〟に影響を受けていない自分
・〝過去〟からの影響を受けていない自分
・〝光の道〟を生きている自分

そういう自分がイメージできるはずです。

そのときはじめて、〝幸福な時間感覚〟で生きることができます。
それが、本当の〝あなた〟なのです。

第5章

上級・願望成就《がんぼうじょうじゅ》の先にあるもの

31 願望成就《がんぼうじょうじゅ》より、大切なこと

いよいよ、最終章です。

『MR．デスティニー』という古い映画があります。

（あらすじ）主人公のラリーは、高校野球の決勝戦で、一打《いちだ》逆転のチャンスで三振して負けて以来、なんだかパッとしない人生に。そして35才の誕生日。妻のエレンに自分の誕生日を忘れられる。おまけに会社はクビに。うなだれつつ、酒場へ。そんな彼の前に現われたのが運命を変える魔法使い、MR．デスティニー。彼の魔法で、ラリーの人生は成功人生に書き換わる。過去も、現在も…。

あの、高校野球の決勝戦で、ホームランを打ったことになったラリーは、クビになったはずの会社の社長になり、高校時代のマドンナ、シンディーと結婚し豪邸に住んでいる。なにもかもがうまくいくはずだった。しかし、社員の不当解雇を不服《ふふく》とする労働組合《ろうどうくみあい》と、幹部との間で板挟《いたばさ》みとなって、孤立《こりつ》し、最後は警察に追われる。

「こんな人生は嫌だ！」と我に返ると、そこは、MR.デスティニーがいる酒場。再び、魔法を使って、元の人生に戻してもらう。斯《か》くして、家《うち》に帰ってみると…。

そういう映画です。要は、今の人生に嫌気がさして、魔法使いに頼んで、最高の人生に変えてもらったら、かえって不幸になった。というお話です。

さて。なぜ、最終章に、この映画の話なのかというと、ここに、すごい秘密が隠されているからなのです。

その秘密とは…、

じつは…。我々が生きている現実世界のシナリオは、この映画のようにパラレル・ワールドで、何度も、書き換えられたり、元に戻されたりした結果、この現実世界があるということなのです。

パラレル・ワールドとは、並行世界、並行宇宙、並行時空とも言いますが、我々の現実から分岐《ぶんき》した別の現実、とでも言いましょうか。にわかには信じられない話でしょうが、本当です。

（無理に信じなくてけっこうですが、信じたほうが可能性が広がるし、得だと思います）

だから、過去も、現在も、未来も、ふつうに、書き換え可能なのです。

（もちろん、パラレル・ワールドの記憶は、ふつう、保持できないので、どう変わったかはハッキリとは思い出せませんが、じつは、感覚に、うっすら残っています。気づき、とか、神秘体験、の多くは、パラレル・ワールドの記憶の想起《そうき》です）

つまり、あなたの人生は、すでに何度か『MR．デスティニー』のように、パラレル・

ワールドの成功人生も経験済みであり、その結末から、「やっぱりこんな人生は嫌だ！」と言って、この現実世界に戻って来た可能性が高いのです。

さて。ただ単純に、過去を変えたい。そう思う人はおおぜいいます。過去の、あの場面を、あの結果を、こう書き換えたい。もっとお金持ちの家に生まれたかった。大学は、慶《けい》応《おう》に行きたかった。結婚相手は…。ってなぐあいに。

しかし、過去はたくさんの理由《わけ》があって、ぜんぶ、そうなっているのです。
仮に、魔法が使えたとして、過去の出来事をたった一つでも書き換えようと思ったら、その過去の出来事を成り立たせている、たくさんの理由《わけ》も、ぜんぶ、書き換えなきゃならない。

人の性格というのも、過去の集大成です。
そのことを、アリストテレスは、「性格は、運命なり」と言いました。

誰でも、人生が、うまくいかないときは、自分で自分の性格がイヤになるものです。けれど、その短所を一つでも変えようと思ったら、その性格を作りあげた過去の要因も、すべて書き換えなきゃならないわけです。そんなの、キリがありません。

しかも、人の長所と短所というものは、えてして表裏《ひょうり》一体です。自分では、この短所さえなかったら…と思っているところが、案外、その人の持ち味になっていて、良い人間関係を築くうえでプラスに働いている、なんてことはよくありますから。

つまり、人の運命も、性格も、絶妙なバランスのうえに成り立っているのです。そう考えると、その一部分だけを切りとって、目《め》の敵《かたき》にするのはナンセンスに思えてきますよね。

過去を変えたい、と望むより、大事なことは、目に前にある現実をどのように受け止め、解釈するかでしょう。

その解釈の広さ、大きさのことを、人間的な器《うつわ》といいます。

結局のところ、いくら本書でご紹介する秘術で願いが叶ったとしても、その結果、人生の急激な変化、その現実から来るストレス、その成功の重圧を、しっかり受け止められるだけの人間的な器がなければ、幸せにはなれません。それこそ、『ＭＲ．デスティニー』の主人公のように、人生が崩壊しかねないのです。

ともあれ、願望成就よりも、ずっと大切なことは、人としての〝器づくり〟なのです。

わたしは実際に、北極老人のそばで、それを目の当《まのあ》たりにしたことがあります。

昔、北極老人の行きつけのカフェで働いていた、名門大学に通う女の子がいました。
ある日、北極老人と一緒にそのカフェを訪《たず》ねると、あきらかに落ち込んでいる彼女の姿が目に入ります。いわく、もう就活期間も終わるというのに、ことごとく面接に落ちまくっている、と。その数、なんと１００社以上。

それを聞いた瞬間、あることを思い出しました。実は、2年前、彼女がまだ大学に入りたてのころに、北極老人は彼女にこうお話されていたのです。

「チャンスは、突然やってくる。その時が、いつ来てもいいように、今のうちから、いろんなことにチャレンジして、自分を磨いておくといいよ」と。

わたしはこの言葉には、きっと深い意味があるに違いないと思っていました。察するに、たしかに、かわいいし、頭もいい。けれど、どこか、魅力がない。そのことを遠回しに言ってるんだろうなぁ、と。

ところが、当の本人は、あまりピンと来ていない様子です。結局、その後も、なんら代《かわ》り映《ば》えしない日々を過ごしているようでした。その結果が、内定ゼロです。

「どうしてわたしって、こんなに運がないんだろう……」

そう言って泣きつく彼女に、北極老人が勧めたのが、『書けば叶う』の元になった『ドラゴンノート』でした。

もう後《あと》がない彼女は、必死に、その『ドラゴンノート』に願いを書きました。

すると次の日、信じられないことが起きたのです。

彼女は地下鉄のプラットホームで本を読んでいると、隣にいたおじさんに話しかけられたそう。

「就活？　がんばっているんだね。で、調子は、どうなの？」

突然声をかけられて、驚きつつも、彼女は答えます。

「行きたかった会社は全部ダメでした。募集も、もう終わってしまって…」

「そうか、どこへ行きたかったの？」

「航空会社です」

「だったら、今からでも応募してみればいい。会社からすれば、優秀な人材は、いくらでもほしいものだから。なんなら、僕が口を利《き》いてあげようか？」

そう言って、差し出された名刺を見て、彼女は腰を抜かしそうになります。

なんと、そのおじさんは、彼女の第一志望、○○航空会社の重役だったのです。

こんな偶然ってあるの？

「あ、ありがとうございます。ぜひ、お願いします！」

声を震わせながら、お礼を言って、彼女はすぐに応募します。そして特例で面接までこぎつけることができたというのです。

書けば叶う、が、現実になりつつある瞬間でした。


さて。その面接の結果は、どうだったのか？


なんと、あえなく〝不合格〟でした。

ありえないような偶然が味方して、せっかく訪れたチャンスだったのに、彼女はそれを最後の最後で、摑《つか》みきれなかったのです。

彼女は、かつての北極老人の言葉を思い出し、悔しくて、たまらず、泣いていました。

「あの時から、言われたとおりに、もっといろんなことに挑戦していたらよかった…」

後悔しても、後《あと》の祭りでした。

成功、幸せ、結果、という果実は、器に盛れる分しか受け取れません。
どんなチャンス、どんな変化球、どんな豪速球《ごうそっきゅう》でも、たじろがず、受け止められる〝器づくり〟を、まっさきに願うべきでしょう。

「ドラゴンノート」に願いを書くときには、次のような言葉を添えるようにしてください。

「○○を手に入れるにふさわしい自分になれるように道を作ってください」（祈願①）
「○○を手に入れるにふさわしい自分になれるようにお導きください」（祈願②）

「○○を手に入れるにふさわしい自分に成長することができました」（完了①）
「○○ができる器づくりに必要な、人・場所・教えに恵まれました」（完了②）

祈願型か、完了形か、どちらか、しっくりくるほうをお選びください。
これはすべての日常を〝器づくり〟の糧《かて》に変える、魔法の言葉です。

32　器を大きくしてくれるもの

人間的な器は、幸運なときよりも、どちらかと言えば、不運なときにこそ、大きく成長するものです。

例えば…、

・いじめられた
・両親の仲が悪かった
・ひどい失恋をした
・理不尽《りふじん》な目にあった

・入試で結果が出せなかった
・会社をクビになった
・努力したのに報われなかった
・愛情を注いだのに、裏切られた

そういう〝沈む時期〟の後には、必ず、と言っていいほど、思わぬ偶然や、ラッキーな出来事が訪れます。

それを、単発で終わらせるのか、それともまた、自信、成長、チャンスに変えられるのかどうかは、不運期《ふうんき》に、くじけまいとして、気持ちを奮《ふる》い立たせたかどうかに懸《か》かっています。

ちょうど、高くジャンプするときに、低くしゃがむみたいに、〝沈む時期〟に、どれだけ深く屈《かが》めたかどうかです。

わたしの知人に、ある高校の柔道部で、最弱と言われた男がいました。

懸命に練習に励《はげ》むも、センスがないのか、後輩にもドンドン追い抜かれて、

「あいつが黒帯（初段）になれる日は永久に来ないよ」

と、思いっきり、バカにされます。

しかし、ある時の昇段《しょうだん》試験で思いがけないことが起きたのです。なんと、ラッキーなことに、彼の対戦相手全員が、ものすご〜く弱かったのです。

おかげで彼は三連勝し、運の良さだけで黒帯（初段）を獲得。しかし、周囲を本当に驚かせたのはそれからでした。

ラッキーで手にした黒帯、とは言え、それですっかり自信をつけたからでしょうか、彼はその日から、メキメキ頭角《とうかく》を現しました。まるで、別人のように。

「えっ？　あいつが？　信じられない…」

と彼を知る誰もが驚き、あれよあれよと言うまに、全国大会出場を果たします。


人は、ああなりたい、こうなりたい、という願望《がんぼう》を思い描いている段階では、その願望が成就《じょうじゅ》し、大金、地位、名声、美男美女を手に入れたときの、うれしい、たのしい、気

持ちいい、といった感情までは想像できても、それ以上のことはわかりません。

欲しくてたまらなかったものを手に入れたときに起きる、周囲の目、社会的責任、内面的変化、増大するストレスまでは、予測対処することができません。

多くの人が、願望を成就した後で、つかの間《ま》の喜びに浸《ひた》った後は、周囲の目が異常に気になり出したり、期待に押し潰《つぶ》されそうになったり、言動が傲慢《ごうまん》になったり、友達を失ったり、どうしていいかわからなくなったり、過度なストレスに苦しんだりして、幸運を維持することができません。ましてや、幸せなんて…（願望成就と、幸せは、別です）。

あなたの身に起こるすべての苦難《くなん》は、来たるべき日のための、言わば、予行演習みたいなもので、

「これぐらいのことが耐えられなくて、どうしますか！」
「せっかく幸運がやって来ても、長続きしませんよ！」
「このままでは、誰も幸せにできませんよ！」

という〝未来の自分〟からのメッセージなのです。

そう受け取れたら、

「そうか、自分の本心（〝未来の自分〟）は、もっと高いレベルを望んでいて、それを叶えて、さらに、揺るぎないものにするために、今は、〝器づくり〟に集中すべきだ」

と己《おのれ》を鼓舞《こぶ》することができます。

よく、将来は世のため人のために働きたいとか、善《よ》い人になりたいとか、誰かを幸せにしたい、などと言われますが、口で言うのは簡単です。しかし、実際やるとなると、なかなか大変で、〝器づくり〟ができていない人は、たいてい長続きしません。

（ちょっと嫌なことがあると、ピーピー泣きごとを言ったり、いちいち言い訳をしたり、誰かのせいにしたりして、責任逃れをする人は器の小さい人です）

世間の荒波に揉《も》まれながら、自分にとって、許しがたいことも許し、嫌《いや》でイヤで仕方ないこともサラリと受け入れて、損したときには、「損して得とれ」と自分に言い聞かせ、負けたときには、「負けるが勝ちよ」と明るく乗りきれるようになったら、〝器づくり〟が進んでいる証拠です。

かつて、山中鹿介《しかのすけ》という武将がいました。

主君《しゅくん》を心から慕《した》っていた鹿介。ところが、ある時、主君は敵方《てきがた》に捕《と》らえられ、離れ離れにされます。鹿介は、虎視眈々《こしたんたん》と主君を助けるチャンスを待ちました。

しかし、敵は毛利元就《もうりもとなり》。中国地方のほぼ全域を支配下に置いた強者《つわもの》です。その大望《たいもう》を果たすことが、いかに困難なことか、心得ていた鹿介は、三日月《みかづき》に向けて、こう祈りました。

「願わくば、我《われ》に、七難八苦《しちなんはっく》を与えたまえ！」

〝その戦いに勝てるほどの自分になれるよう、どうか鍛えてください〟と、あえて苦難を望んだのです。

志《こころざし》が大きければ大きいほど、それに見合うだけの〝器〟がいるということです。

(だからといって、「我に七難八苦を与えたまえ!」みたいなことを、神社で願ったり、「ドラゴンノート」に書いたりしないでくださいね。本当に起きたら大変ですから)

33　人類の究極の願い

人は、もともと、心の中に、如意宝珠《にょいほうじゅ》を持っています。

それは、すべての願いが自分の思った通りに叶うという不思議なちからを持つ玉。

歴史上、マスターした人はごくわずか。ほとんどいませんでした。

（近代なら、高島嘉右衛門《かえもん》、後藤新平、渋沢《しぶさわ》栄一、鮎川義介《あゆかわぎすけ》、出光佐三《いでみつさぞう》）

なぜなら、如意宝珠《にょいほうじゅ》を善い人が活用するなら、全人類にとてつもなく良い影響を及ぼすことができるでしょうが、悪い人に使われた日には、そりゃあ、ろくなことはありません。

世界は破滅《はめつ》に向かうでしょうから、その使い方をひた隠しにされてきた、という事情もあります。

どうすれば、如意宝珠《にょいほうじゅ》を使えるのか。少しだけ、お伝えしましょう。

まず、たった一つのことを、十年、二十年…と、ひたすら願うのです。

「毎日、美味しいごはんが作りたい…」
「日本一の英語名人になりたい…」
「塵《ちり》を払《はら》わん、垢《あか》を除《のぞ》かん」（周梨槃特《しゅりはんどく》）
「海賊王《かいぞくおう》に、おれはなる！」（モンキー・D・ルフィー）

もちろん、日本を作りたい、世を立て直したい、戦争をなくしたい、差別をなくしたい、みたいな立派な願いごとでもかまいません。そして、ずっと、思い続けるのです。

次に、日常で取越苦労《とりこしくろう》（むだな心配）と、過越苦労《すぎこしくろう》（くよくよ）をしないこと。

さらに言うと、どんな困難な状況に陥《おちい》ろうとも、心は揺《ゆ》らがず、囚《とら》われず、に徹します。

とにかく、ＢＡＤにならない。ネガティブな思いを明日に持ち越さない。

心の外で嵐が吹き荒れようと、心の内ではどこ吹く風で、静寂《せいじゃく》さ、清らかさを保つように日々を生きるのです。

そうやって、心のスクリーンをいつもまっ白な状態にしておけば、たった一つのことを願っているだけで、それ以外のことは、人生設計を、心のスクリーンに思い描《えが》くだけで、自然に叶ってしまう。それが、本来の如意宝珠《にょいほうじゅ》の取り扱い方です。

さて。今、わたしたちは、人類史上、最も変化の激しい時代を生きています。

iPhone、３Ｄプリンター、人工知能、量子医学、フリーエネルギー、HAARP《ハープ》…、etc. は、これから先も、どんどん時代を変えていくでしょう。

あと、何十年か後には、今の常識もまた、簡単に、ひっくりかえってしまいます。

たとえば、

・人が自由に空を飛べる
・イヤホンをつけて眠るだけで、世界一周旅行の疑似《ぎじ》体験
・絶対に墜《お》ちない飛行機
・絶対に事故らない自動車
・フリーエネルギーのおかげで、電気代・ガス代、無料化
・医学の進歩により、病気で苦しむ人がいなくなる
・月や火星への移住
・3Dプリンターを超える、4D、5Dプリンターの登場

現時点では、どれもこれも、SFか、ファンタジーにしか思えないでしょうが、何十年か後には、きっと、世の中は、そうなっているでしょう。

さて、ここで考えてみてください。

そのとき、あなたは、どんな夢を描きますか？

（さぁ、書いてみてください）

近い将来、ＡＩ（＝artificial intelligence）が、人間の、ほとんどの能力を凌駕《りょうが》する（つまり、このままではＡＩに負けるぞ！　人間！）そんな予測が、いよいよ現実味《げんじつみ》をおびてきています。

仕事でも、学問でも、人間がロボットに勝てなくなる。いや、それどころか、ロボットが、あなたの上司、ボスになる可能性すらあります。

記憶に新しいところでは、将棋の名人がＡＩに敗れました。

かと思えば、ＡＩより強い中学生のプロ棋士が現れたり。

まだまだ、人間にも、伸《の》び代《しろ》がありそうです。

わたしは、「ＡＩが、人間の、ほとんどの能力を凌駕《りょうが》する」と書きました。ほとんどの……ということは、１００％ではない、と。じゃあ、何の能力だったら負けないのか、というと、それは、数値化されない能力です。

美《び》
肚《はら》
気
情
愛
直感
安心感
あたたかみ

これらは数値化されません。

ですから、そう遠くない未来に、資格、スキル、肩書き、年収、資産なんかどうでもいい、とにかく…、

芸術を解《かい》するか
生きざまは美しいか
ハラはできているか
覚悟は決まっているか
気を自在に操《あやつ》れるか
つまり、ゴッドハンドなのか
情に篤《あつ》いか、でも、情に溺《おぼ》れていないか
ちんけな愛じゃなくって、もっと大きな愛か

が問われるでしょう。

それら、すべての出発点は、安心感であり、あたたかみ、なのです。

これこそが、人間の存在価値（ＡＩでは決して成し得ない領域）といえるでしょう。

いろいろ書きましたが、人生は、つまるところ、次の一言が言えるかどうか、だと思います。

子ども、親、兄弟以外の人をイメージして、

「この人のためなら、死んでもいい」

と言えるかどうか（言えたら、美も、ハラも、情も、愛も、安心もあります）。

だからと言って、本当に死んでしまってはいけませんし、そう祈るのも、いけません。

間違っても、神社仏閣で、そんなふうに祈らないでください。

ただ、独《ひと》り言《ごと》のように、そう言える、もしくは、そう思えるだけでも十分です。

そうして、如意宝珠《にょいほうじゅ》を発動したなら。ムー、アトランティスの時代には叶わなかった、人と人とが、あたたかみで結ばれる世界が、現代に蘇《よみがえ》るはずです。


そして最後に。

もう一つ、かみしめてほしい、一言があります。

「残したいのは、お金じゃない。資産じゃない。名誉じゃない。人だ」

これが本気で言えたら、あなたこそが、まさに〝真伝〟の担《にな》い手です。

そのとき、あなたの願いは、『書かなくても叶う』でしょう。

おわりに

人生における幸福度は、生涯《しょうがい》にわたって〝受け取った〟、または、放出した〝光〟の量で決まります。

〝光〟とは何でしょうか（これは、もう、理屈ではなく、実感するしかありません！）。

あなたにも、こんなご経験はありませんか？

・あなたが辛かったときに、愛しい方を思い浮かべるだけで、痛みが和らいでいった…
・あなたが苦しかったときに、心から慕《した》っているあの方の言葉で、ずいぶん救われた…
・あなたが悲しかったときに、裏側を許せる友のやさしさに、どれほど癒されたことか…

あの、胸の内側（アナハタ・チャクラ）に感じるあたたかみこそが〝光〟なのです。

あの、あたたかみを、ずっと持ちながら生きていますと、あなたは人間でありながら、神様ということになります。

もはや、不幸というものはありません（何があっても、心はぶれません）。

これは、ある意味におきましては、人間の〝ゴール〟です。

ここまで幸せな方は、めったにお目にかかれません。

ですから、この場合の、愛《いと》しい方、心から慕《した》っている方、裏側を許せる友は、あなたにとりましては、まさに神様の化身《けしん》なのであります。


ただし人間というものは、どうしても、善《よ》かったり悪かったりいたします。

どれほど、愛しい（と思っている）方でも、
どれほど、心から慕《した》っている方でも、
どれほど、裏側を許せる（と思っている）友でも、
人間である限り（神様でない限り）、〝ずっとそのまんま〟が続くとは限りません。

それは、人間理解の基本です。

そこで、その、愛しい（と思う）対象を、心から慕う対象を、裏側を許す対象を、人間ではなく、あなたの想像上でけっこうですから、天使、菩薩《ぼさつ》、如来《にょらい》、神様に設定するというのが、バクティ・ヨーガ（愛と献身《けんしん》のヨーガ）という伝統的な修行方法です。

これを、エゴが消滅するまで続けます。

もちろん、あなたが心から信頼するパートナーや指導者、愛するお子さまを、「この方は、神様の化身に相違《ちがい》ない…」と思って、いっさいの見返りを求めず（甘やかすのではなく）、ただ、ひたすらに献身して尽くすということができましたら、あなたこそ神様です。

ひたすらに献身して尽くす、その最中《さなか》に、胸の内があたたかくなり、想念が浄化され、心が平安を迎えたとき、あなたは〝光〟に包《つつ》まれています。

さて、いかがでしょうか？

「そんな、ムツカシイ修行なんて、私にはできない…」と思われた方へ。


大丈夫です！

あなたには、本書があります。


片時《かたとき》も忘れないぐらい、毎日ひまさえあれば、書いたり、眺《なが》めたり、読んだり、さわったり、話しかけたり（！）してください。

これは、たんなる本ではなく、

「ここに未来の自分がいる、神様がいる、潜在意識《せんざいいしき》とつながっている…」と信じきって、大切に扱うようになさってください。

実は、これこそが、ドラゴンノートの内奥《ないおう》に横たわる広大無辺《こうだいむへん》なる五次元からの〝光〟を絶えず受け取るための真髄《しんずい》です。


名づけて「バクティ・ドラゴンノート」（愛と献身のドラゴンノート）。

ドラゴンノート奥義《おうぎ》・書けば叶う「循環秘術《じゅんかんひじゅつ》」

ここまでお読みいただきありがとうございました。

ドラゴンノートの秘密は、まだまだ、たくさんあり、一冊や二冊の本では、到底、語り尽くせません。今回は、大事なポイントを凝縮《ぎょうしゅく》して、お伝えさせていただきました。

「もっと詳しく知りたい」

「さらに活用したい」

という方は、「ゆにわ塾」の特設サイトにて、無料音声や特典を公開しておりますので、「ゆにわ塾」と検索して、ぜひ一度ご覧ください。

最後に、ドラゴンノートの奥義《おうぎ》、「循環《じゅんかん》の護符《ごふ》」を使った秘儀をお伝えし、本書を終わらせていただきます。

本書の奥義ですので、〝最も叶えたい願い〟を一つに絞《しぼ》り、295ページの「循環の護符」に書くようにしてください。これまでのワークは、あなたの本当の願いを浮かび上がらせるための準備だったと思っていただいて構いません。

理想的には、儀式を終えたら、この本を棚や押し入れの奥など、人目に触れないところに大切にしまっておくことを、おすすめいたします。忘れた頃に、書いたことがすべて叶えられていることでしょう。

（その場合、できれば書き込み専用と、読み専用の、2冊お買い求めください。それが最も効果のある使い方です）

循環秘術《じゅんかんひじゅつ》の手順

はじめに、二礼二拍手をして、次のセリフを唱えます。

「只今《ただいま》より、わたくし（名前）は、循環秘術《じゅんかんひじゅつ》を執《と》りおこなわせていただきます」

第一の儀式

中央の円に指を当て、心を鎮《しず》めます。なにかに無我夢中になっていたときの感覚を思い出しながら、無心になるまで「ありがとうございます」と、唱え続けます。

第二の儀式

心に引っかかっている、つらい過去の経験を一つ、左の円の枠内に書き込みます。そして、その上に指をあて、ネガティブな思考、印象、感情が消えていくところをイメージしながら、エネルギー化の呪文「色即是空《しきそくぜくう》　空即是色《くうそくぜしき》」と10回となえます（※般若心経《はんにゃしんぎょう》を唱えても可。巻末参照）。

第三の儀式

上の円に指をあてます。最高にエネルギーが高まった、理想の自分、男神《おがみ》・女神《めがみ》のようになった未来の自分をイメージし、それを自分と重ね合わせます。

第四の儀式

右の円の枠内に、欲しいもの、手に入れたい結果を一つ、書き込みます。その上に指をあて、黄金の光とともにエネルギーが物質化するところをイメージしながら、具現化《ぐげんか》の呪文「福聚海無量《ふくじゅかいむりょう》」と10回となえます（※観音経《かんのんきょう》を唱えても可。巻末参照）。

第五の儀式

下の円の枠内に、あなたが十年後も、二十年後も、ずっと願い続けているであろう、究極の願いを一つ、書き込みます。そして、その上に指をあて、実現しているところをイメージし、浸《ひた》ります。

「これにて、循環秘術を終わらせていただきます」と、一礼をして、終了。

循環秘術の手順

この手順に従い、左ページに願いを書き込み、循環秘術をおこなってください。

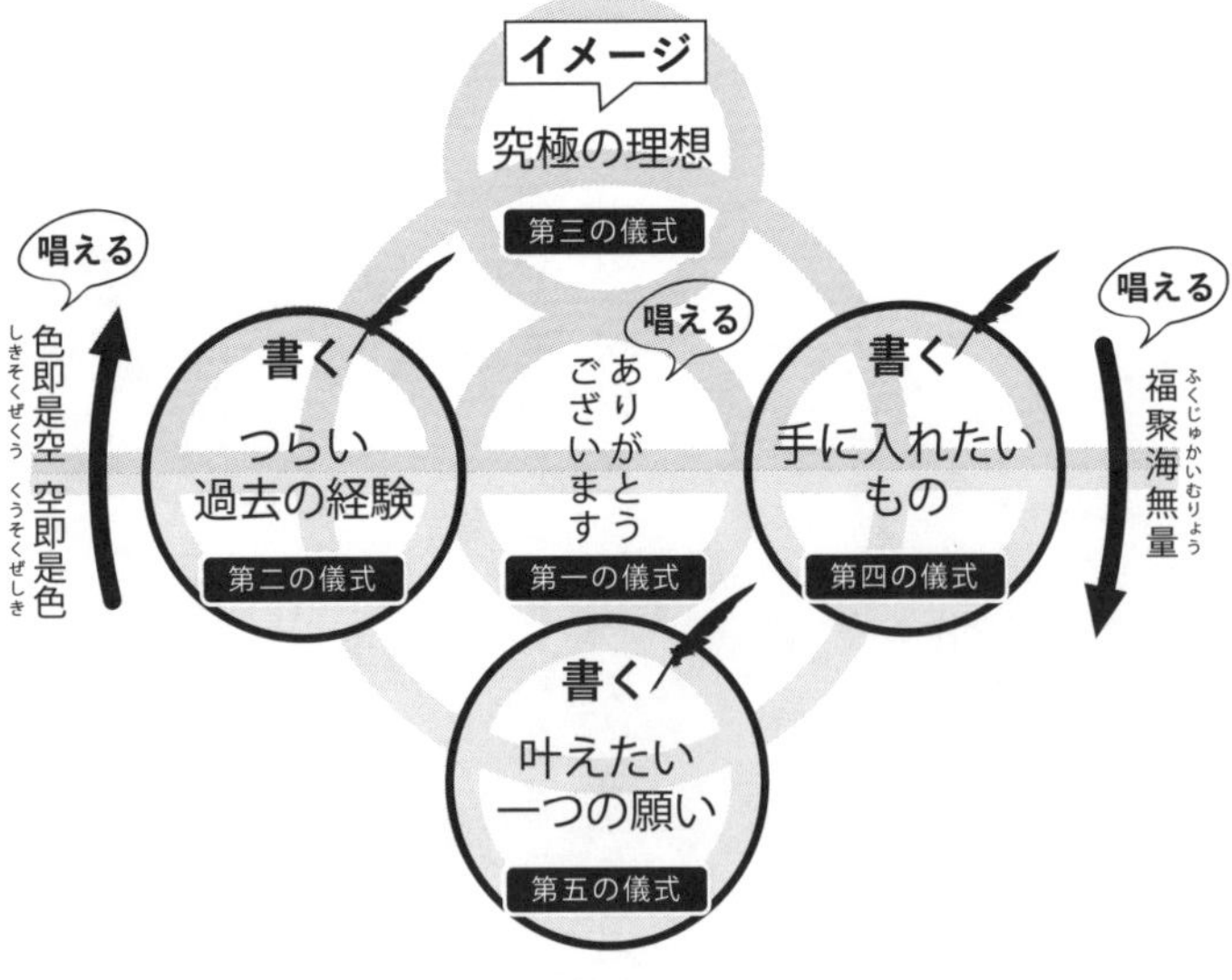

般若心経（仏《ぶっ》説《せつ》摩《ま》訶《か》般《はん》若《にゃ》波《は》羅《ら》蜜《み》多《た》心《しん》経《ぎょ》）

観《かん》自《じ》在《ざい》菩《ぼ》薩《さ》　行《ぎょう》深《じん》般《はん》若《にゃ》波《は》羅《ら》蜜《み》多《た》時《じ》
照《しょう》見《げん》五《ご》蘊《うん》皆《かい》空《くう》　度《ど》一《いっ》切《さい》苦《く》厄《やく》舎《しゃ》利《り》子《し》
色《しき》不《ふ》異《い》空《くう》　空《くう》不《ふ》異《い》色《しき》　色《しき》即《そく》是《ぜ》空《くう》　空《くう》即《そく》是《ぜ》色《しき》
受《じゅう》想《そう》行《ぎょう》識《しき》　亦《やく》復《ふく》如《にょ》是《ぜ》　舎《しゃ》利《り》子《し》　是《ぜ》諸《しょ》法《ほう》空《くう》相《そう》
不《ふ》生《しょう》不《ふ》滅《めつ》　不《ふ》垢《く》不《ふ》浄《じょう》　不《ふ》増《ぞう》不《ふ》減《げん》　是《ぜ》故《こ》空《くう》中《ちゅう》
無《む》色《しき》無《む》受《じゅう》想《そう》行《ぎょう》識《しき》　無《む》眼《げん》耳《に》鼻《び》舌《ぜっ》身《しん》意《に》　無《む》色《しき》声《しょう》香《こう》味《み》
触《そく》法《ほう》無《む》眼《げん》界《かい》　乃《ない》至《し》無《む》意《い》識《しき》界《かい》　無《む》無《む》明《みょう》　亦《やく》無《む》無《む》明《みょう》尽《じん》
乃《ない》至《し》無《む》老《ろう》死《し》　亦《やく》無《む》老《ろう》死《し》尽《じん》　無《む》苦《く》集《しゅう》滅《めつ》道《どう》
無《む》智《ち》亦《やく》無《む》得《とく》
以《い》無《む》所《しょう》得《とく》故《こ》　菩《ぼ》提《だい》薩《さつ》埵《た》　依《え》般《はん》若《にゃ》波《は》羅《ら》蜜《み》多《た》故《こ》

心《しん》無《む》罣《け》礙《げ》無《む》罣《け》礙《げ》故《こ》　無《む》有《う》恐《く》怖《ふ》
遠《おん》離《り》一《いっ》切《さい》顛《てん》倒《どう》夢《む》想《そう》　究《く》竟《ぎょう》涅《ね》槃《はん》
三《さん》世《ぜ》諸《しょ》仏《ぶつ》　依《え》般《はん》若《にゃ》波《は》羅《ら》蜜《み》多《た》故《こ》
得《とく》阿《あ》耨《のく》多《た》羅《ら》三《さん》藐《みゃく》三《さん》菩《ぼ》提《だい》　故《こ》知《ち》般《はん》若《にゃ》波《は》羅《ら》蜜《み》多《た》
是《ぜ》大《だい》神《しん》呪《しゅ》　是《ぜ》大《だい》明《みょう》呪《しゅ》　是《ぜ》無《む》上《じょう》呪《しゅ》　是《ぜ》無《む》等《とう》等《どう》呪《しゅ》
能《のう》除《じょ》一《いっ》切《さい》苦《く》　真《しん》実《じつ》不《ふ》虚《こ》　故《こ》説《せつ》般《はん》若《にゃ》波《は》羅《ら》蜜《み》多《た》呪《しゅ》
即《そく》説《せつ》呪《しゅ》曰《わっ》　羯《ぎゃ》諦《てい》羯《ぎゃ》諦《てい》　波《は》羅《ら》羯《ぎゃ》諦《てい》　波《は》羅《ら》僧《そう》羯《ぎゃ》諦《て》
菩《ぼ》提《じ》薩《そ》婆《わ》訶《か》　般《はん》若《にゃ》心《しん》経《ぎょう》

観音経

世《せー》尊《そん》妙《みょう》相《そう》具《ぐ》　我《がー》今《こん》重《じゅ》問《もん》彼《ぴ》　仏《ぶっ》子《し》何《がー》因《いん》縁《ねん》　名《みょう》為《い》観《かん》世《ぜ》音《おん》
具《ぐー》足《そく》妙《みょう》相《そう》尊《そん》　偈《げー》答《とう》無《むー》尽《じん》意《に》　汝《にょ》聴《ちょう》観《かん》音《のん》行《ぎょう》　善《ぜん》応《のう》諸《しょ》方《ほう》所《しょ》
弘《ぐー》誓《ぜい》深《じん》如《にょ》海《かい》　歴《りゃっ》劫《こう》不《ふー》思《しー》議《ぎ》　侍《じー》多《たー》千《せん》億《のく》仏《ぶっ》　発《ほっ》大《だい》清《しょう》浄《じょう》願《がん》
我《がー》為《いー》汝《にょー》略《りゃく》説《せっ》　聞《もん》名《みょう》及《ぎゅ》見《けん》身《しん》　心《しん》念《ねん》不《ふー》空《くう》過《か》　能《のう》滅《めっ》諸《しょー》有《うー》苦《く》
仮《けー》使《しー》興《こう》害《がい》意《い》　推《すい》落《らく》大《だい》火《か》坑《きょー》　念《ねん》彼《ぴー》観《かん》音《のん》力《りき》　火《かー》坑《きょう》変《へん》成《じょう》池《ち》
或《わく》漂《ひょう》流《る》巨《こー》海《かい》　竜《りゅう》魚《ぎょ》諸《しょ》鬼《きー》難《なん》　念《ねん》彼《ぴー》観《かん》音《のん》力《りき》　波《はー》浪《ろう》不《ふー》能《のう》没《もっ》
或《わく》在《ざい》須《しゅ》弥《みー》峰《ぶ》　為《いー》人《にん》所《しょー》推《すい》堕《だー》　念《ねん》彼《ぴー》観《かん》音《のん》力《りき》　如《にょ》日《にち》虚《こー》空《くう》住《じゅう》
或《わく》被《ひー》悪《あく》人《にん》逐《ちく》　堕《だー》落《らく》金《こん》剛《ごう》山《せん》　念《ねん》彼《ぴー》観《かん》音《のん》力《りき》　不《ふ》能《のう》損《そん》一《いち》毛《もう》
或《わく》値《ちー》怨《おん》賊《ぞく》繞《ねう》　各《かく》執《しゅー》刀《とう》加《か》害《がい》　念《ねん》彼《ぴー》観《かん》音《のん》力《りき》　咸《げん》即《そく》起《きー》慈《じ》心《しん》
或《わく》遭《そう》王《おう》難《なん》苦《く》　臨《りん》刑《ぎょう》欲《よく》寿《じゅ》終《じゅう》　念《ねん》彼《ぴー》観《かん》音《のん》力《りき》　刀《とう》尋《じん》段《だん》段《だん》壊《ね》

或《わく》囚《しゅー》禁《きん》枷《かー》鎖《さー》
呪《じゅう》詛《そ》諸《しょ》毒《どく》薬《やく》
或《わく》遇《ぐー》悪《あく》羅《らー》刹《せつ》
若《にゃく》悪《あく》獣《じゅ》囲《い》繞《ねう》
蚖《がん》蛇《じゃ》及《ぎゅう》蝮《ふく》蠍《かつ》
雲《うん》雷《らい》鼓《くー》掣《せい》電《でん》
衆《しゅ》生《じょう》被《ひー》困《こん》厄《にゃく》
具《ぐー》足《そく》神《じん》通《つう》力《りき》
種《しゅ》種《じゅ》諸《しょ》悪《あく》趣《しゅ》
真《しん》観《かん》清《しょう》浄《じょう》観《かん》
無《むー》垢《くー》清《しょう》浄《じょう》光《こう》
悲《ひー》体《たい》戒《かい》雷《らい》震《しん》

手《しゅ》足《そく》被《ひー》杻《ちゅー》械《かい》
所《しょ》欲《よく》害《がい》身《しん》者《じゃ》
毒《どく》龍《りゅう》諸《しょ》鬼《き》等《とう》
利《りー》牙《げー》爪《そう》可《かー》怖《ふ》
気《けー》毒《どく》煙《えん》火《かー》燃《ねん》
降《ごう》雹《ばく》澍《じゅ》大《だい》雨《う》
無《む》量《りょう》苦《く》逼《ひつ》身《しん》
広《こう》修《しゅう》智《ち》方《ほう》便《べん》
地《じー》獄《ごく》鬼《きー》畜《ちく》生《しょう》
広《こう》大《だい》智《ちー》慧《えー》観《かん》
慧《えー》日《にち》破《はー》諸《しょ》闇《あん》
慈《じー》意《い》妙《みょう》大《だい》雲《うん》

念《ねん》彼《ぴー》観《かん》音《のん》力《りき》
念《ねん》彼《ぴー》観《かん》音《のん》力《りき》
念《ねん》彼《ぴー》観《かん》音《のん》力《りき》
念《ねん》彼《ぴー》観《かん》音《のん》力《りき》
念《ねん》彼《ぴー》観《かん》音《のん》力《りき》
念《ねん》彼《ぴー》観《かん》音《のん》力《りき》
観《かん》音《のん》妙《みょう》智《ち》力《りき》
十《じっ》方《ぽう》諸《しょ》国《こく》土《ど》
生《しょう》老《ろう》病《びょう》死《しー》苦《く》
悲《ひー》観《かん》及《ぎゅう》慈《じ》観《かん》
能《のう》伏《ぷく》災《さい》風《ふう》火《か》
澍《じゅん》甘《かん》露《ろ》法《ほう》雨《う》

釈《しゃく》然《ねん》得《とく》解《げ》脱《だつ》
還《げん》著《じゃく》於《お》本《ほん》人《ひん》
時《じ》悉《しつ》不《ぷー》敢《かん》害《がい》
疾《しっ》走《そう》無《むー》辺《へん》方《ほう》
尋《じん》声《しょう》自《じ》回《えー》去《こ》
応《おう》時《じ》得《とく》消《しょう》散《さん》
能《のう》救《くー》世《せー》間《けん》苦《くー》
無《む》刹《せつ》不《ふー》現《げん》身《しん》
以《い》漸《ぜん》悉《しつ》令《りょう》滅《めつ》
浄《じょう》願《がん》常《じょう》瞻《せん》仰《ごう》
普《ふ》明《みょう》照《しょう》世《せ》間《けん》
滅《めつ》除《じょ》煩《ぼん》悩《のう》燄《えん》

諍《じょう》訟《じょ》経《きょう》官《かん》処《じょ》　怖《ふー》畏《い》軍《ぐん》陣《じん》中《ちゅう》　念《ねん》彼《ぴー》観《かん》音《のん》力《りき》　衆《しゅう》怨《おん》悉《しっ》退《たい》散《さん》

妙《みょう》音《おん》観《かん》世《ぜ》音《おん》　梵《ぼん》音《のん》海《かい》潮《ちょう》音《おん》　勝《しょう》彼《ひ》世《せ》間《けん》音《おん》　是《ぜ》故《こ》須《しゅ》常《じょう》念《ねん》

念《ねん》念《ねん》勿《もっ》生《しょう》疑《ぎ》　観《かん》世《ぜ》音《おん》浄《じょう》聖《しょう》　於《おー》苦《くー》悩《のう》死《しー》厄《やく》　能《のう》為《いー》作《さー》依《えー》怙《こ》

具《ぐー》一《いっ》切《さい》功《く》徳《どく》　慈《じー》眼《げん》視《じー》衆《しゅー》生《じょう》　福《ふく》聚《じゅ》海《かい》無《む》量《りょう》　是《ぜ》故《こー》応《おう》頂《ちょう》礼《らい》

爾《に》時《じ》　持《じ》地《じ》菩《ぼ》薩《さつ》　即《そく》従《じゅう》座《ざー》起《きー》　前《ぜん》白《びゃく》仏《ぶつ》言《ごん》　世《せー》尊《そん》

若《にゃく》有《う》衆《しゅ》生《じょう》　聞《もん》是《ぜ》観《かん》世《ぜ》音《おん》菩《ぼ》薩《さつ》品《ぼん》　自《じー》在《ざい》之《しー》業《ごう》

普《ふー》門《もん》示《じー》現《げん》　神《じん》通《つう》力《りき》者《しゃ》　当《とう》知《ち》是《ぜ》人《にん》　功《くー》徳《どく》不《ふ》少《しょう》

仏《ぶっ》説《せつ》是《ぜ》普《ふ》門《もん》品《ぼん》時《じ》　衆《しゅう》中《ちゅう》　八《はち》万《まん》四《し》千《せん》衆《しゅう》生《じょう》

皆《かい》発《ほっ》無《む》等《とう》等《どう》　阿《あー》耨《のく》多《たー》羅《らー》三《さん》藐《みゃく》三《さん》菩《ぼ》提《だい》心《しん》

巻末付録・ドラゴンノート記入欄

以降のページは、自由に書き込んで使用できるドラゴンノートです。理想の未来・叶えたい夢や願望を書く、ドラゴンセルフを作成するなど、ドラゴンノートを実践する際にご活用ください。その際、以下の「ドラゴンノートの掟《おきて》」に留意してご使用いただくと、よりあなたの願望成就力を高めることができるでしょう。

ドラゴンノートの掟

○理想の未来から発想する
○できる限り、リアルにイメージする
○書いた願いに執着しない（書いて忘れる）
○全体性を含んだ願いを書く
○ネガティブなことは書かない
○すべてのことを完了形で書く
○他との比較をしない
○願いに愛念を込める
○ノートに書いたことは絶対に人に言わない

本書は2012年1月に刊行された『ドラゴンノート』を改題の上、再編集したものです。

羽賀ヒカル　（はが・ひかる）

占術家。神道家。1983年、京都府生まれ。

大阪府立大学卒業。普通の高校生として過ごしていた15歳のある日、「北極老人（ほっきょくろうじん）」に出会い、占いの道に入る。９つの流派を極め、５万件以上の鑑定歴を持つ北極老人から「北極流」を受け継ぎ、高校生ながら生年月日、手相、風水、方位、姓名判断などのさまざまな占いをマスター。また同時に、日本各地の神社の秘密を口伝によって、のべ数千時間にわたって学ぶ。神秘体験は数知れず。

大学生時代から本格的に、人生相談（出会い、恋愛、結婚、夫婦関係、命名、子育て、就職、転職、人間関係、引っ越し、お金……などの悩み）に乗り、3000人以上を開運へと導く。大学卒業後は、北極老人の一門によって設立されたグレイトティーチャー株式会社の占い師として活動。噂が噂を呼び、優良企業の経営者、有名コンサルタント、ベストセラー作家、セミナー講師、占い師、ヒーラーなどの著名人も、お忍びで通うようになる。特に、占いや精神世界に深く精通している人ほど、北極流の奥深さに驚嘆。

現在は、占い鑑定やセミナーをおこないながら、神社の秘密を学んでからお参りする「神社参拝セミナー」も開催。大学生からご年配の方まで、参拝初心者から神社仏閣好きまで幅広い方が参加している。その中には、どん底から一転、奇跡的な転職を果たし、天職ともいえるような理想の仕事にめぐり会えた男性、わずか１ヶ月で運命の人と出会って電撃結婚した女性（現在は海外在住）、大手企業でベテラン営業マンを追い抜いて、営業成績全国１位になった新人社員、離婚寸前から家庭円満に、そして会社崩壊直前から社員とお客様から愛される会社へと生まれ変わった経営者など、神社参拝によって人生が大きく変わった人たちが続出している。

主な著書に『不思議と自分のまわりにいいことが次々に起こる神社ノート』『龍の神様と出会うたったひとつの方法』（共にSB クリエイティブ）、『たった１日の参拝で人生が変わる！ 六龍が導く神社ガイド』（主婦と生活社）などがある。

神社チャンネル　https://zinja-omairi.com/
羽賀ヒカルの北極流占い　https://hagahikaru.com/
北極流.com　http://hokkyoku-ryu.com/

書《か》けば叶《かな》う

2019年9月26日　初版第1刷発行
2024年9月 6 日　初版第7刷発行

著　者　羽賀ヒカル

発行者　出井貴完
発行所　SBクリエイティブ株式会社
〒105-0001　東京都港区虎ノ門2-2-1

装　丁　長坂勇司（nagasaka design）
組　版　アーティザンカンパニー株式会社
編集担当　吉尾太一
印刷・製本　中央精版印刷株式会社

本書をお読みになったご意見・ご感想を下記URL、QRコードよりお寄せください。
https://isbn2.sbcr.jp/02581/

ISBN 978-4-8156-0258-1